- Michael Repkowsky -

ICH BIN JETZT, ICH BIN HIER. MEINE KRAFT BEHALTE ICH MIR.

Energievampire meiden, glücklich bleiben!

Inhaltsverzeichnis:

Vorwort

Mein Name lautet Michael Repkowsky, ich empfinde mich selbst als lebensfroh, grundglücklich, empathisch und friedvoll. Es ist klarerweise immer ein bisschen seltsam, sich selbst zu beschreiben, aber ich denke, dass ich richtig liege, wenn ich erzähle, dass ich ein liebevoller Mensch bin, der es verstanden hat, den Augenblick und das Leben an sich zu schätzen. Ich versuche, meinen Fokus auf das Gute zu richten und konzentriere mich auf die Seiten des Lebens, die mich in jeglicher Weise weiter voranbringen. Ich bin davon überzeugt, dass ich in erster Linie nur mich selbst verändern kann und somit in weiterer Folge auf alles andere Einfluss ausübe. Ich ernähre mich bewusst, bin sportlich unterwegs, denke positiv und laufe als philosophierender Optimist durch diese spannende Welt. Als Philantrop konzentriere ich mich auf das Positive, scheue das Negative jedoch nicht, sondern "genieße", beobachte und nehme es beinhart an. Ich bin ein wahrheitssuchender, oft ENTtäuschter, alles hinterfragender, sich selbst nicht so ernstnehmender und von manchen nicht selten "komisch" wahrgenommener und auch „komisch" genannter Typ. Soweit ich mich zurück erinnern kann, hatte ich schon immer ein Problem mit vorgegebenen Normen. Das Wort "normal" ließ stets meine innere Alarmglocke losheulen. Ich fiel durch meine unkonventionelle Art zu denken sehr früh auf und wurde wegen meinen Ansätzen immer wieder als "der Ärgste" betitelt. Warum ich Ihnen das gleich zu Anfang erzähle, hat natürlich einen Grund, und zwar Folgenden: Wenn Sie bereit sind, Anregungen zu erfahren, die Sie dabei unterstützen können, Ihre Lebensenergie aufrecht zu erhalten und sich erfolgreich gegen Energievampire durchsetzen möchten, sollten Sie bereit sein, auch unkonventionell zu handeln und zu denken! Legen Sie dieses Buch am besten sofort wieder weg oder schenken Sie es weiter, wenn Sie nicht bereit sind, ungewöhnliche Haltungen einzunehmen. Das klingt im ersten Moment vermutlich heftig, dabei geht es hier tatsächlich um relativ harmlose, aber dennoch sehr effektive Methoden und Ideen, die Ihnen helfen können, riesige Fortschritte im erfolgreichen Umgang mit Energievampiren zu machen. In den allermeisten Fällen müssen Sie aktiv kaum mehr tun, als Ihre Denkweise, Ihr sogenanntes Mindset, zu verändern. Es ist oft nur der Blickwinkel, der über unsere Emotionen während einer Begegnung mit einem Energievampir entscheidet. Gepaart mit einer handvoll praktischen Methoden und Anregungen können Sie sich bildlich einen dermaßen effektiven Schutzschild erschaffen, dass Sie schon bald rückblickend kaum glauben können, mal ohne all dieses Verständnis gelebt zu haben. Ich selbst habe Jahre lang gebraucht, um zu verstehen, dass es Energievampire gibt. Als ich erkannt habe, dass es tatsächlich Menschen gibt, die mir meine Energie, meine Kraft rauben, dauerte es nochmal eine Weile, bis ich in der Lage war, es zu akzeptieren. Sobald ich vollkommen akzeptiert habe, dass es Energievampire gibt, also Menschen, die mich geistig und damit einhergehend körperlich schwächen, fing ich an, mich zu schützen. Heute, einige harte Jahre später, habe ich es geschafft, mich aus einem Feld voller negativen Glaubenssätzen zu entfernen. Ein Feld, das mit all seinen Dogmen zwar fest zu sein scheint, aber sich in Wirklichkeit wie Treibsand verhält, der einen skrupellos runterzieht. Um den Treibsand als solchen zu erkennen, musste ich quasi bis zum Mund versinken. Sehr spät, aber doch noch rechtzeitig, habe ich erkannt, mich fokussiert aufgerappelt und mit aller

Kraft gehandelt. In diesem Buch möchte ich mein wertvolles Wissen weitergeben. Es soll Ihnen dabei helfen, Energievampire zu erkennen und dafür sorgen, dass Sie einerseits besser mit ihnen umgehen können und andererseits ein Bewusstsein erlangen, welches Sie automatisch in eine Schwingung bringt, die für lästigste Energievampire kaum noch erreichbar ist! Dahin zu gelangen war für mich ein sehr harter Weg, der Ihnen, durch das Lesen dieses Buches, erspart bleiben soll. Selbst, wenn dieses Buch Ihnen nur die eine oder andere Abkürzung aufweist, bin ich glücklich. Ich habe damals keine Abkürzungen erkannt, bin in einem schwarzseherischen Umfeld zwischen kleinherzigen Pessimisten und Selbstbetrügern groß geworden und musste den kompletten Ausweg mühevoll aus einem Labyrinth finden.

Laut meiner Geburtsurkunde kam ich im Jahr 1989 zur Welt und nach den ersten 23 Lebensjahren gelang es mir endgültig, aus einem um mich gebauten Gedankenkäfig auszubrechen. Bis dahin hatte ich aufgrund der negativen Lebenseinstellung, der Menschen die mich umgaben, ständig das Gefühl von einem drückenden Nebel, der mich in der Entwicklung meines Bewusstseins hemmt, begleitet zu werden. Ich fühlte mich oft antriebslos, schwach und müde. Ich war zwar von Natur aus immer lebensfroh und lachte sehr viel, aber da sich in meiner Reichweite fast ausschließlich Energievampire rumgetrieben haben, schien es mir lange Zeit unmöglich, den nötigen Schritt in Richtung Selbstverwirklichung zu machen. Ich war sozusagen zu allem bereit, jedoch zu nichts im Stande. Von hundert Leuten, die ich getroffen habe, waren vielleicht gerade mal zwei davon positiv denkend, naturfröhlich, wohlwollend und visionär gestimmt. Der Rest hat sich in der elenden Opferrolle verfangen, versank häufig im Selbstmitleid und versuchte es auch, Mitmenschen schwer zu machen, etwas Produktives zu schaffen. Klar, jeder hat sein Packerl zu tragen und der, der es uns am schwierigsten macht, ihn zu lieben, braucht unsere Liebe am allermeisten. Grundsätzlich wollen Menschen Liebe und Freude leben, aber wichtig ist es zu verstehen, dass wir uns selbst schützen sollten, indem wir gewissenhaft Grenzen ziehen. Viele Menschen sprühen vor Liebe und geben alles, um ihre Begegnungen glücklich zu machen. Dabei vergessen sie häufig das Wichtigste, nämlich sich selbst bzw. ihre eigene Lebensenergie! Einige wehren sich gegen ihre innere Stimme, die nach Selbstliebe schreit und dahin lechzt, aus Angst als ignorant zu gelten. Dabei steht nicht zwingend die Angst vom Urteil der Gesellschaft, sondern vielmehr das eigene Urteil vehement im Weg. Es ist das eigene, verzerrte Selbstbild, welches zur Unterdrückung des urnatürlichen Strebens nach Freude führt. Viele fühlen sich schuldig, wenn sie sich selbst etwas Gutes tun. Ich kann davon aus erster Hand berichten, habe all das mit sehr viel Mühe und starkem Fokus hinter mich gebracht. Heute sieht mein Leben nämlich komplett anders aus. Genau das Gegenteil beschreibt meinen Alltag. Mir begegnen kaum noch Energievampire, die so einen enorm starken Einfluss auf mich haben könnten wie damals. Mein Umfeld besteht zum merklichen Großteil aus großherzigen, großdenkenden, gönnenden, empathischen, lebenslustigen Machern. Menschen, die viel lachen, das Leben mit allen Höhen und Tiefen annehmen und genießen, Menschen, die die Kraft der Gegenwart bewusst spüren und nutzen, umgeben mich heute. Ein tolles Gefühl!

Nun, was ist genau passiert? Wie kam es dazu, dass sich mein Leben so erfolgreich gewandelt hat? Wie kommt ein derartig radikaler Wandel zustande? Auf diese Fragen könnte ich detailreich, ausschweifend antworten. In Wirklichkeit reduziere ich meine Antwort auf die folgenden vier Wörter: Ich habe mich entschieden.

"Ein Wunsch verändert gar nichts,
ein Entschluss hingegen alles!"

Dieses Buch ist ein tiefer Einblick in meine Trickkiste und soll Sie dabei unterstützen, den nötigen Schwung zu erlangen, um eine friedvolle, kohärente Bewusstseinsebene zu erfahren. Aus tiefstem Herzen wünsche ich Ihnen viel Erfolg und vor allem sehr viel Freude und Spaß beim Lesen und Anwenden dieses Buches.

Kümmern Sie sich um Ihre Gesundheit!

Viele Menschen haben den stetigen Verlust ihrer Vitalität, ihrer geistigen und körperlichen Leistungsfähigkeit ohne zu hinterfragen hingenommen und blind akzeptiert. Dass sie oft müde sind und der Stoffwechsel immer mehr nachlässt, scheint sie nicht zu begeistern. Sie leben eben damit, wobei leben schon fast einen ironischen Klang anmuten lässt. Ich habe einige Menschen getroffen, die sich mit allen möglichen Mitteln fit, oder besser ausgedrückt, gerade noch über Wasser halten, um den anstrengenden Tag einigermaßen zu überstehen. Tassenweise koffeinhaltiger Kaffee und überzuckerte Energiedrinks den ganzen Tag über verteilt gehören für viele Menschen zum ganz normalen Alltag. Dass das nicht ganz gesund und schon gar nicht die Lösung sein kann, erklärt sich hier hoffentlich von selbst. Alleine der Mangel einzelner Vitamine und Mineralstoffe, die unser Körper braucht, um die volle körperliche und mentale Leistung für jede Situation aufzubringen, kann dazu führen, dass man sich allgemein geschwächt fühlt und insgesamt keine Power mehr hat. Der nötige Schwung, um in den richtigen Gang zu kommen, fehlt dann nicht selten. Hinzu kommt, dass einige Vitamine und Mineralstoffe vor allem dafür sorgen, dass unser Nervensystem gesund funktioniert. Aber was hat das eigentlich mit den Energievampiren zu tun? Die Antwort ist simpel. Wenn Sie Ihren Körper mit allen wichtigen Vitaminen und Mineralstoffen versorgen, sind Sie spürbar weniger anfällig für Energievampire! Wenn Sie gut versorgt sind, wenn Sie Ihren Körper ganz bewusst, mit dem, wonach er bittet, volltanken, gehen Ihnen Energievampire nicht mehr so leicht auf die Nerven! Sie bringen Sie nicht mehr so ruckartig aus der Ruhe, weil Ihr Nervenkostüm spürbar robuster und um ein Vielfaches kraftvoller ist.

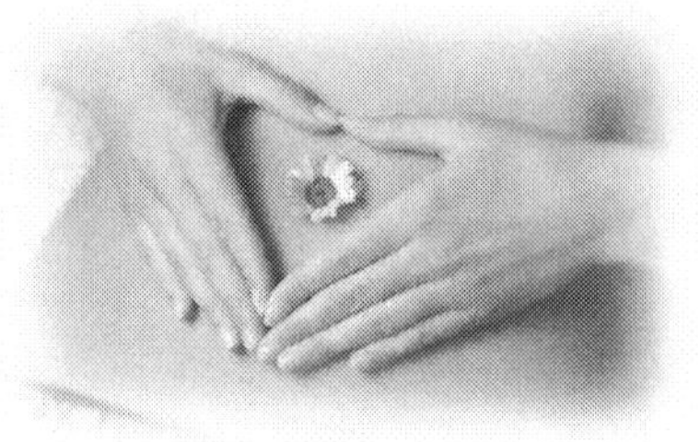

Um es mit einem kurzen Vergleich deutlicher zu machen: Erinnern Sie sich an das zickige Verhalten vieler Menschen, wenn sie großen Hunger haben. Vielleicht gehören Sie selbst zu diesen Menschen und wissen daher ganz genau, dass Sie in solchen Momenten auch relativ banale Situationen oder sogar recht harmlose Kommentare in Ihre Richtung stressen, provozieren oder verärgern können. Genauso verhält es sich mit den wichtigen Vitaminen und Mineralstoffen. Wenn Ihr Körper Hunger nach Vitaminen und Mineralstoffen hat und ein Mangel unweit ist, reagiert er zickig! Wenn Sie Ihrem Körper nicht genügend Energie in Form von Vitaminen und Mineralstoffen zuführen, dann haben Energievampire den Jackpot mit Ihnen geknackt! Sorgen Sie dafür, dass Sie keine leichte Beute für Energievampire sind! Hier eine minimale Auflistung der Vitamine und Mineralstoffe usw., die eine große Rolle in unserem Körper spielen und Sie sowohl körperlich, als auch geistig enorm festigen können! Auf den nächsten Seiten ein grober Einblick.

B-Vitamine

Verschiedene B-Vitamine sorgen zusammen für einen leistungsstarken Stoffwechsel, tragen zur normalen Blutbildung bei, nehmen Einfluss auf Kohlenhydrate- und Eiweißverstoffwechslungen und steigern sowohl die Konzentration als auch die Merkfähigkeit. Bei der Regelung von den Stresshormonen Adrenalin und Noradrenalin sind B-Vitamine ebenso beteiligt. Insgesamt sind B-Vitamine wichtig für das Nervensystem und unterstützend beim Erhalt der kognitiven Leistungsfähigkeit.

Vitamin D3

Wenn es um die Regulierung des Kalcium-Spiegels geht, ist Vitamin D ein wesentlicher Faktor. Am bekanntesten ist Vitamin D für seine knochenstärkende Wirkung. Es hemmt den Knochenabbau, beteiligt sich maßgeblich am Kalciumeinbau in die Knochen, treibt die Aufnahme von Kalcium aus dem Darm an und stärkt das Immunsystem insgesamt. Bei längerer Einnahme von Vitamin D3 ist zu beachten, dass die zusätzliche Zufuhr von Vitamin K2 wichtig ist, da diese Kombination ein optimales Team darstellt.

Omega-3-Fettsäuren

Omega-3-Fettsäuren haben einen positiven Einfluss auf Blutfettwerte, senken einen zu hohen Blutdruckwert, fördern die Durchblutung und haben einen positiven Effekt auf die Sehkraft. Neben der Sehkraft fördern Omega-3-Fettsäuren auch die Gehirnleistung. Einfluss auf eine gesunde Herzfrequenz und entzündungshemmende Wirkung werden Omega-3-Fettsäuren ebenfalls nachgesagt.

Jod und Selen

Jod und Selen spielen eine wichtige Rolle, wenn es um die gesunde Funktion der Schilddrüse geht. Die Schilddrüse steuert Körperfunktionen wie die Muskelaktivität, den Stoffwechsel, das generelle Wachstum und das Nervensystem. Auch die körperliche und geistige Entwicklung wird unter anderem von der Schilddrüse gesteuert. Insgesamt hat die Schilddrüse einen enormen Einfluss auf den Energiehaushalt und ist zuständig für verschiedenste Hormone im Körper.

Vitamin C

Vitamin C ist aktiv an der Wundheilung beteiligt und hat einen positiven Einfluss auf den Haushalt der Stresshormone. Es sorgt für eine gute Durchblutung, stärkt die Leistungsfähigkeit und trägt zu einer gesunden Immunfunktion bei.

Wie erwähnt, ist das nur eine sehr grobe Einsicht. Durch intensive Eigenrecherche und viele persönliche Gespräche mit Ärzten und Beratern, habe ich mein Wissen über meine eigene Gesundheit erweitert. Verstehen Sie dieses Kapitel als Anstoß zur Eigenrecherche. Ich möchte Sie einladen, Ihren eigenen Körper besser kennen und verstehen zu lernen. Da ich selbst über keine medizinische Ausbildung verfüge, berichte ich nur aus eigener Erfahrung und lege Ihnen nahe, sich von einem kompetenten Arzt oder einem professionellen Berater unterstützen zu lassen.

Lehnen Sie Kaufhausangebote ab!

Betrachten Sie das Leben, sobald Sie ihr Zuhause verlassen wie ein riesiges Kaufhaus. In einem Kaufhaus werden Sie pausenlos mit Angeboten konfrontiert. Einige davon nehmen Sie bewusst wahr, die meisten nur peripher oder sogar völlig unterbewusst. Bei all den modernen Marketing-Tricks greifen Sie höchstwahrscheinlich nicht selten zu Produkten, die gar nicht auf ihrem Einkaufszettel geschrieben stehen. Der Einkaufswagen wird somit mit jeder Minute schwerer und aufgrund der vielen Menschen, deren hektischen Energien gnadenlos auf Ihren Gemütszustand einwirken, wird der Weg zur Kassa immer mühsamer. Auf dem Heimweg schwindet die dem Kaufrausch geschuldete Euphorie Schritt für Schritt, und Sie ärgern sich allmählich über den hohen Geldbetrag, den Sie eben bezahlt haben. Zu Hause angekommen, sitzen Sie nun angeschlagen da und fragen sich, wie es eben so weit kommen konnte, dass Sie viel mehr gekauft haben, als Sie sich vorgenommen hatten. Wie konnte das passieren? Neben der traurigen Tatsache, dass Sie nun weniger Geld für den Rest des Monats übrig haben, fühlen Sie sich wahrscheinlich geschlaucht und antriebslos. Sie haben nicht nur viel Geld ausgegeben, sondern haben vor allem kaum etwas dafür bekommen. Gegen solche unbewussten Einkäufe können Sie nur eines tun. Bewusster werden! Die reizvollen Angebotsschilder, die unterschwelligen Aufrufe aus dem ununterbrochen laufenden Supermarktradio, die gezielten Farben in den jeweiligen Abteilungen und die zum Kauf anregenden Gerüche werden Sie nicht verhindern oder verschwinden lassen können. Vergessen Sie das. Anstatt die Welt im Außen zu ändern, ändern Sie lieber Ihren ganz persönlichen Umgang mit den Umständen!

Beginnen Sie, sich beim nächsten Einkauf selbst zu beobachten. Wenn Sie zu einem Produkt greifen, das Sie in Wirklichkeit gar nicht brauchen, versuchen Sie unmittelbar herauszufinden, was Sie momentan dazu bewegt hat, gerade dieses Produkt zu wählen. Anfangs kann das ungewöhnlich sein, mit der Zeit werden Sie jedoch bemerken, worauf Sie genau achten müssen, um Ihren Geldbeutel zu schonen, und im Endeffekt werden Sie sich genau das nehmen, was Sie persönlich möchten. In relativ kurzer Zeit können Sie da zum Profi werden und im besten Fall bereitet Ihnen das Einkaufen mit klarem Blick sogar viel Spaß. Dieser klare Blick ist wertvoll! Er ist so wertvoll, weil Sie damit ein großes Stück Entscheidungskraft für sich gewinnen. Wenden Sie Ihn ganz bewusst im Alltag an! Betrachten Sie das Leben folglich als riesiges Kaufhaus! Im alltäglichen Leben werden Ihnen genauso Angebote gemacht, die Sie annehmen oder ablehnen können. Hier bezahlen Sie jedoch nicht mit Bargeld, sondern mit Ihrer eigenen, individuellen Energie! Werden Sie sich bewusst, dass Ihnen im Alltag überall Energie entzogen werden kann, wenn Sie nicht genau darauf achten. Da Sie Ihr Leben als Kaufhaus betrachten, kann Ihnen überall Energie entzogen werden. An jeder Ecke lauert ein verlockendes Angebot. Das kann eine unerwartete Verspätung eines Busses sein, ein Gespräch zwischen zwei laut diskutierenden Menschen neben Ihnen, ein Werbeplakat einer politischen Partei, die Sie nicht mögen, oder zum Beispiel der Geruch eines bestimmten

Parfums, welches ihr nerviger Ex-Partner ständig benutzte, sein. Die Liste könnte endlos weiter gehen. Betrachten Sie all das als Angebote und begegnen Sie all diesen mit dem im Kaufhaus erworbenen glasklaren Blick! Das Schöne an solchen Angeboten ist, dass Sie diese nicht annehmen müssen. Es steht Ihnen vollkommen frei. Genau wie im Supermarkt soll das Ziel nicht darin bestehen, diese Angebote verschwinden zu lassen. Im Gegenteil! Auch hier sollten Sie akzeptieren, dass es sie gibt. Beobachten Sie hier ganz genau, welche Gedankengänge entstehen, sobald Sie sich einem Angebot zuwenden. Wenn Ihnen dann auffällt, dass Sie kurz davor sind, sich zum Beispiel über den Geruch eines Parfums zu ärgern, dann lehnen Sie das Angebot ab. Lehnen Sie es einfach ab. Stellen Sie sich in so einem Moment geistig kurz vor, wie so eine typische Verkäuferin zu Ihnen folgenden Satz spricht: „Hallo, ich biete Ihnen nun an, sich über den Geruch des Parfums zu ärgern und das für unschlagbare 1000 Energiepunkte!“ So wird Ihnen das Angebot verdeutlicht und Ihnen fällt auf, wie absurd es wäre, es in Anspruch zu nehmen. So wie das unnötige Produkt im Supermarkt, welches Ihnen nur Geld kostet, das Sie eigentlich für etwas anderes brauchen – lehnen Sie also auch hier beinhart ab! Denn hier ist das Zahlungsmittel nicht das Bargeld, sondern Ihre wertvolle Energie! Wenn Sie das Angebot bewusst ablehnen, bleibt Ihnen mehr Energie für die wichtigen Dinge, die Sie sich vorgenommen haben.

Erkennen Sie den Nutzen und seien Sie anders!

So mühsam das Verhalten von zerrenden Energievampiren auch sein kann, hat es auf jeden Fall, wie alles im Leben, auch etwas Gutes, von dem Sie profitieren können. Ein Energievampir zeigt Ihnen mit seinem Verhalten vor allem Eines: Er zeigt Ihnen, wie Sie nicht sein wollen. Mir hat noch keine einzige Person erzählt, dass sie das Verhalten von einem Energievampir so gerne übernehmen würde. Genau das Gegenteil war immer der Fall. Ein Energievampir veranschaulicht uns mit seinem Schauspiel, das oft einem dramatischen Theaterstück gleicht, wie wir nicht sein möchten. Meist getrieben von tiefem Pessimismus und trübem, verschleiertem Lebensblick, kreuzen sie unseren Weg und versprühen dabei ihren mutlosen, kleinherzigen Geisteszustand. Jämmerlich und schwarzseherisch schleifen sie sich von der einen Krise in die nächste, erschaffen sich selbst ein Weltbild voller Horrorgedanken und haben dabei jede Hoffnung auf ein schönes, glückliches Leben verloren. Alles und jeder ist grundsätzlich erstmal als schlecht anzusehen und würde das Glück bei der Tür klopfen, würde sich der Energievampir über den Lärm des Klopfens beklagen, anstatt die Tür zu öffnen. Grundlegend gibt es zwei Motive, die unser aktives Handeln bestimmen. Liebe und Angst. Ein Energievampir handelt aus purer Angst. Angst vor Veränderung, Angst vor dem Versagen, Angst vor Minderwertigkeit, Angst vor Ablehnung, Angst vor Herausforderungen usw. Die Liste der Ängste könnte ein ganzes Buch füllen. Nun sei gesagt, dass hier nicht

Menschen gemeint sind, die tatsächlich so krank sind, dass sie eine Behandlung oder professionelle Therapie brauchen. Hier geht es um Energievampire, die ganz genau wissen, dass es zwei Seiten der Medaille gibt. Es geht hierbei um die Energievampire, die sich bewusst, gezielt und mit voller Absicht auf Sie stürzen, um Ihnen Ihre individuelle Energie zu rauben. Das Beste, was einem Energievampir passieren kann, ist, dass Sie sich am Ende genauso schlecht oder sogar noch schlechter fühlen als er selbst. Wenn er Sie überzeugt hat, dass die Welt dieses Jahr tatsächlich untergeht und Sie ab sofort in purer Angst leben, hat er Sie bereits für seine Spielchen gewonnen. Wenn er Sie von der Bösartigkeit der Gesellschaft überzeugt und somit auf seine tiefe Frequenz gezogen hat, übernimmt er die Fäden. Reinen Erfolg macht ein Energievampir an Ihrer angstvollen Ausstrahlung fest.

Ihre Unsicherheit gibt dem Energievampir das Gefühl von Sicherheit. Ihre Angst gibt dem Energievampir das Gefühl von Macht und Kontrolle. Energievampire sind abgestumpfte Kleingeister, die alles daransetzen, Ihnen Ihre Kraft zu rauben. Ihre individuelle Lebenskraft ist Ihr wertvollstes Gut und schon das geringste Abzapfen davon kann einen Energievampir darin bestärken, sein verzerrtes Bild von der Welt zu festigen. Ich könnte noch viel tiefer graben, aber ich denke, dass Sie ganz genau wissen, was ich meine, wenn ich über den kleinherzigen Zustand solcher Energievampire erzähle. Sie kennen das Verhalten und wissen eines eben genau: Sie wissen, dass Sie persönlich niemals so sein möchten. Sie denken positiv und optimistisch, haben grundsätzlich ein liebevolles Bild von der Menschheit. Sie lachen viel und gerne, sind offen für Neues und begegnen Veränderungen mit kindlicher

Neugier. Für Sie ist ein Problem eher eine Herausforderung, eine Aufgabe, die es zu lösen gibt. Sie wissen, dass Sie mit jeder Aufgabe ein großes Stück an Reife gewinnen und Sie sind vom Gesetz der Anziehung überzeugt. Daher wissen Sie auch, dass die Kraft Ihrer Gedanken alles in Ihr Leben zieht. Dabei gibt es keine einzige Grenze! Sie kümmern sich sorgfältig um Ihre Gedankengänge, erschaffen somit Situationen, mit denen Sie zufrieden sind und strahlen eine großherzige, glanzvolle Energie aus. Jede Faser Ihres Körpers, jede Zelle ist mit lückenloser Lebenslust gefüllt und das macht Sie zu einem friedvollen Menschen voller Begeisterung für das Hier und Jetzt. Sie leben genau das gesunde Gegenteil von dem, was ein giftiger Energievampir lebt. Sie haben verstanden, dass Glück kein Zufall, sondern eine Entscheidung ist. Diese Entscheidung treffen Sie Tag für Tag erneut, direkt nach dem Aufwachen. Sie haben sich entschieden, zu entscheiden und reines Glück ist nicht mehr nur ein zeitweiliger Zustand, sondern Ihr gekonnter Lebensstil. Das Schöne an Ihrem Lebensstil ist, dass er Ihnen Energievampire erspart. Mit jedem weiteren, positiven Gedanken, den Sie hegen, schreiten Sie unwillkürlich auf eine höhere, für den Energievampir nicht mehr greifbare, Frequenz. Sie werden unabhängig und heilen den Energievampir zum Teil, indem Sie ihm keine Angriffsfläche mehr bieten. Die künstlich erschaffene Angst eines Energievampirs ist nämlich stets abhängig von äußerlicher Bestätigung. Je höher Ihre Frequenz, Ihr Bewusstseinszustand, desto niedriger die Chance, einen Energievampir zu füttern. Sie heilen den Energievampir, indem Sie sich selbst heilen. Stichwort gesunder Egoismus.

Ein Energievampir befindet sich oft in einem Teufelskreis, den er nur schwer verlassen kann. So anstrengend er auch sein kann, denke ich trotzdem, dass auch er im tiefsten Inneren lieber lachen statt meckern würde. Ich betrachte das negative Verhalten eines Energievampirs meistens als impliziten Hilfeschrei. Aufgrund ganzheitlicher Erfahrung weiß ich heute, dass sehr viele Energievampire die Ebene der Angst nur verlassen können, wenn man sie vorrangig so sein lässt und deren boshaften Ideen nicht präsumiert. Schützen Sie sich also erfolgreich mit dem gegenteiligen Verhalten eines Energievampirs. Machen Sie sich so oft wie möglich klar, dass Ihre positive Sichtweise eine besondere Fähigkeit ist, über die Sie verfügen! Sie sind etwas ganz Besonderes! Sie sind nicht normal und das ist auch gut so! Das Durchschnittliche gibt der Welt ihren Bestand, das Außergewöhnliche aber ihren Wert. Seien Sie also ein gutes Vorbild, schwingen Sie auf einer höheren, leichteren Frequenz und geben Sie stets das, was Sie selbst haben wollen.

Machen Sie es besser. Lassen Sie Taten sprechen!

Erfolg ist der beste Motivator. Wenn wir in einen Konflikt mit einem Energievampir geraten, dann spiegelt er uns immer nur unseren inneren Geisteszustand. Das ist zumindest eine sehr weit verbreitete Meinung. Demnach scheint es plausibel, weshalb uns Energievampire überhaupt als solche begegnen können. Sie halten uns den Spiegel einmal mehr direkt vors Gesicht. Ein paar Jahre rückblickend erkenne ich heute ganz deutlich den Grund für etliche Diskussionen und Streitereien in der Vergangenheit. Die schärfsten Dialoge führte ich mit mir sehr ähnlichen Menschen. Menschen, die zumindest ähnliche Entscheidungen wie ich trafen. Entscheidungen, die uns davon abhielten, voran zu kommen. Heftige Wut verspürte ich damals meist beim verbalen Schlagabtausch mit Energievampiren, die wegen ihrer Sturheit und Versagensangst nicht fähig waren, den nötigen Schritt in Richtung Eigenverantwortung zu machen. Ich wollte schon immer Bücher schreiben, den Tag auskosten, positiv denken und proaktiv handeln. Lange Zeit war ich dazu aber nicht imstande. Die Fähigkeit, Energievampiren zu begegnen, ohne dass mir die Begegnung schädlich bekommt, bildete sich in kleinen Etappen heran. Mir fiel auf, dass ich souveräner im allgemeinen Umgang mit Energiefressern wurde. Meine Souveränität wuchs immer dann ein Stück mehr, wenn ich Ziele, mit denen ich mit Energievampiren sonst nur theoretisch diskutierte, solide und praktisch verfolgte. Hatte ich mich für mehr Freizeit entschieden, indem ich meine Arbeitszeit verringerte, fehlte mir der Anreiz für rebellische Glaubensdiskussionen. Durch das praktische Umsetzen einer Tat fehlte mir schlicht die Motivation für Diskussionen. Argumente hervorzubringen, weshalb ich es mir leisten könne, die Arbeitszeit zu reduzieren war mir kein Anliegen mehr, sobald ich es einfach getan habe. Für mich bedeutet es in gewissem Maße Erfolg, etwas aktiv umzusetzen, worüber verbissene Energievampire vermutlich bis an ihr Lebensende nur reden. Es fühlt sich auch heute noch gut an, Dinge zu tun, die sich feige Energievampire nicht trauen. Das macht mich nicht wertvoller als einen Anderen. Es übt jedoch direkten Einfluss auf meinen Geisteszustand aus, der, in Folge, wiederum darüber entscheidet, welchen Menschen ich im Außen begegne. Entgehen Sie also einem kraftraubenden Streit, indem Sie Ihre Ziele aktiv verfolgen. Beschreiten Sie den Weg Ihrer Träume, anstatt theoretisch über die Kontras zu quasseln. Prahlen Sie von sich selbst nicht im Konjunktiv. Das stellt Sie auf die gleiche, giftige Ebene des Energievampirs. Machen Sie es besser, indem Sie es machen. Setzen Sie Ihre Pläne um. Solange Sie ausschließlich reden und nicht mehr tun als jammernde Energievampire, sind Sie ein Magnet für sie.

Der kostbare Schritt zur Selbstverwirklichung ist ein riesengroßer Schritt weg von der engstirnigen Welt der Energievampire. Schwelgen Sie nicht nur in träumerischen Gedankenmodellen. Arbeiten Sie daran, Ihren Traum leben zu können, anstatt Ihr Leben zu träumen. Sie können nicht verlieren. Im schlimmsten Fall wird es eine Erfahrung.

Bestimmen Sie Ihren persönlichen Kraftpunkt!

Vor einigen Jahren begann ich mich intensiv mit Meditation zu beschäftigen. Für den Einstieg waren geführte Meditationen ideal. Später meditierte ich ohne zusätzlicher Audioquelle und nach relativ kurzer Zeit besuchte ich sogar einen Tempel, um regelmäßig in einer größeren Gruppe zu meditieren. Mir gelang es rasch, einen derartig meditativen Zustand zu erreichen, dass er zu meinem Grundzustand wurde und ich kaum mehr in der Lage war, einen Energievampir wahrzunehmen. In meiner Wahrnehmung existierten sie einfach nicht, auch wenn sie direkt vor mir stünden. Für mich war alles reine Liebe, und selbst wenn ich wollte, war es mir nicht möglich, mich zu beschweren. Mit einem Dauergrinser schwebte ich durch das Leben, als ob es absolut nichts zu tun gäbe, da das Universum sowieso alles für mich regeln wird. Das ging bei mir am Ende jedoch soweit, dass ich vollkommen unfähig war, aktiv zu handeln, aber das ist eine andere Geschichte. Worauf ich hinaus möchte, ist ein wertvolles Gut, das mir nach all dem geblieben ist. Nämlich die Gabe, mich innerhalb weniger Sekunden in den Ruhemodus zu schalten. In diesem Modus habe ich das Gefühl, dass ein Teil von mir meinen Körper verlässt und ich trotzdem in voller Gänze zwar fokussiert und klar, aber trotzdem defensiv und entspannt präsent bleibe. Mir kommt es dann vor, als ob alles in Zeitlupe abläuft und ich somit alle Zeit der Welt habe, um auf einen Energievampir optimal zu reagieren. Damals benötigte ich mindestens 30 Minuten Meditation, um in so eine tiefenentspannte Haltung zu gelangen, heute reicht ein fünf

Sekunden langer Druck auf meinen persönlichen Kraftpunkt. Dieser befindet sich bei mir zwischen meinen Augenbrauen. Gewählt habe ich diesen Punkt, da ich hier oft während meiner Meditation eine Art Leinwand wahrnahm, auf der sich einiges abspielte. Ich verbinde diesen Punkt mit Ruhe, Ausgeglichenheit und Schwerelosigkeit. Zu jeder Zeit, an jedem Ort kann ich diesen "Schalter" umlegen, um jede noch so stressige Situation zu entkräften. Treffe ich also auf einen Energievampir, der mir gefühlt schon zu nahe kommt und das Potential aufweist, mir zu viel Energie zu rauben, aktiviere ich meinen Kraftpunkt. Hierfür nehme ich Zeige-, Mittel- und Ringfinger und drücke sie ganz leicht zwischen meine Augenbrauen. Dabei schiebe ich den Teil der Stirn unter meinen Fingern ein kleines Stück, etwa einen Zentimeter, nach oben und richte gleichzeitig meine geschlossenen Augen auf den Kraftpunkt. Meistens gelingt es mir innerhalb von fünf Sekunden in den nötigen Modus zu kommen. Ab und zu kann es etwas länger dauern, vielleicht zehn Sekunden, aber es funktioniert ausnahmslos jedes Mal. Nachdem ich diesen "Schalter" umgelegt habe, stoßen Energievampire auf eine imaginäre Schutzwand, die alles abwehrt, was versucht, in meine Richtung zu gelangen. Jegliche halbherzigen Kommentare, Schimpfwörter und Provokationen haben nach der Aktivierung meines Kraftpunktes kein Gewicht. Erst wenn ich mich bewusst dazu entscheide, wieder "zurück" zu kommen, indem ich den Kraftpunkt erneut berühre und mit meiner Handfläche einmal nach oben darüber wische, läuft wieder alles ganz gewöhnlich ab. Das mache ich klarerweise erst dann, wenn ich die Situation verlassen habe, oder der Energievampir bereit ist, angemessen zu kommunizieren.

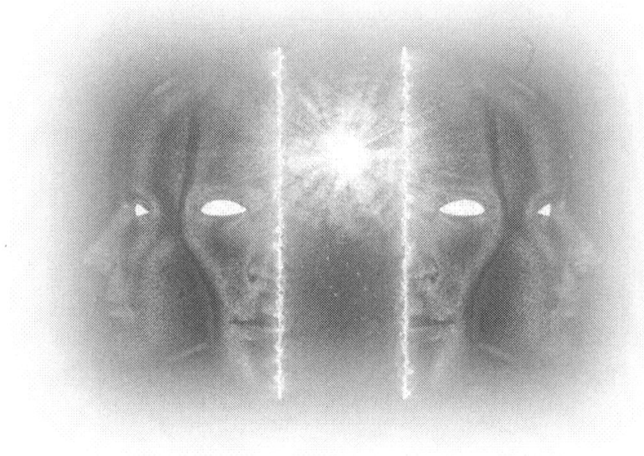

Suchen Sie sich Ihren eigenen, ganz persönlichen, Kraftpunkt. Auch wenn Sie noch keine Erfahrung mit Meditation haben, können Sie sich einen Punkt an Ihrem Körper suchen, den Sie als Schalter verwenden, um in den coolen Ruhemodus zu gelangen. Durch regelmäßige Übung wird Ihr Kraftpunkt effektiver. Stellen Sie sich den Punkt als einen Schalter vor, den Sie tatsächlich umlegen. Ein Schalter, der beim Betätigen dafür sorgt, dass alles im Außen soweit an Relevanz verliert, dass es Sie in diesem Moment nicht mehr in schädlicher Weise tangiert. Sie kennen diese kurze Phase nach einem langen Gähnen. Unmittelbar danach fühlen Sie sich für zirka zwei Sekunden unendlich entspannt. Dieses Gefühl beschreibt die Aktivierung Ihres Kraftpunktes ziemlich gut. So, nur 10 Mal intensiver, muss es sich anfühlen, sobald Sie Ihren Kraftpunkt erfolgreich aktiviert haben! Ganz egal, ob zwischen den Augenbrauen, am Hals, in der Magengegend, unter dem Nabel, oder sonst wo. Experimentieren Sie ruhig solange, bis Sie Ihren individuellen Kraftpunkt gefunden haben. Geschlossene Augen können Ihnen dabei helfen, sich auf das Ganze besser einzulassen. Wenn Sie Ihren Kraftpunkt einmal gefunden und zweifelsfrei definiert haben, werden Sie im Nu in der Lage sein, giftigen Energievampiren mit einem effizienten Schutzschild zu begegnen. Hierbei sei gesagt, dass Sie diese Methode nicht gleich jedem verraten sollten. Ich denke, dass ein eigener Kraftpunkt vor allem dann stark wirkt, wenn ihn nicht jeder kennt. Behalten Sie diese Methode ruhig so lange für sich, bis Sie sicher sind, dass Sie Ihren Kraftpunkt in jeder Situation erfolgreich aktivieren können.

Hilfreich kann es sein, wenn Sie dies zu Beginn in banalen Situationen lernen. Etwa, wenn Sie die Verspätung eines Zuges verärgert, oder wenn Sie beim Einkaufen an der Kassa hinter jemandem stehen, der für das Ablegen seiner Ware gefühlte Stunden braucht. Sie werden eine gesunde Geduld entwickeln. Diese ist jedoch nur der Anfang. Sie ist der Samen, der essentiell ist, um Ihren Kraftpunkt reifen zu lassen. In späterer Folge geht es um viel mehr als um Geduld. Sie werden einen Zustand erreichen, der Sie gegen giftige Energievampire immun macht!

Werden Sie ein Strahli!

Haben Sie schon einmal einen Menschen getroffen, der mit seiner Ausstrahlung den gesamten Raum einnimmt, sobald er diesen betritt? Das war eine rhetorische Frage, natürlich haben Sie das. Jeder von uns kann sich an so einen Moment erinnern. Sei es in einem Restaurant, im Warteraum eines Amtes, in der Bahn, beim Arbeitsplatz oder gar im Supermarkt. Irgendwo hat jeder von uns so einen Auftritt erlebt und war für einen Augenblick davon fasziniert. Eine gewisse Kraft geht von diesen Menschen aus. Man hat das Gefühl, diese Menschen bringen Schwung in den Raum und erhellen ihn allein mit ihrer Anwesenheit. Ich nenne diese Menschen liebevoll "Strahlis". Ihr Dasein wirkt so stark auf das Umfeld, dass sich viele wünschen, einen Teil dieser Ausstrahlung irgendwie übernehmen zu können. Diese Art von Ausstrahlung gehört zu den effektivsten Mitteln im Umgang mit Energievampiren. Beobachten Sie bei der nächsten Gelegenheit mit einem Strahli, der eine enorm spürbare Ausstrahlung besitzt, ganz genau und fragen Sie sich Folgendes: Fragen Sie sich, ob dieser Mensch genauso viele Energievampire in sein Leben zieht, wie Sie es tun. Fragen Sie sich, ob dieser Mensch sich die Kraft von Energievampiren rauben lässt. Fragen Sie sich, ob es bei einem Strahli überhaupt soweit kommt, dass er Energievampire in sein Leben zieht. Ihr Gefühl wird Ihnen diese Fragen zweifelsfrei verneinen und damit hat ihr Gefühl vollkommen recht! Nein, ein Mensch mit derartig beeindruckender Leuchtkraft, befindet sich auf einer für Energievampire schwer wahrnehmbaren Ebene. Auf dieser Ebene eröffnet sich eine Welt, in die hartnäckige

Energievampire schlicht keinen Zugang haben. Nicht, weil es ihnen nicht erlaubt wäre, ebenfalls dahin zu reisen, sondern vielmehr, weil sie diese Welt in ihrer Befangenheit nicht wahrnehmen können. Sie sehen diese Welt schlicht und einfach nicht. Energievampire sind oft in ihrer dogmatischen Sichtweise gefangen, die einem Tunnelblick gleicht, und nehmen nur das wahr, was ihr pessimistisches Weltbild bestätigt. Im Sommer jammern sie über die Hitze und wünschen sich den Winter zurück. Sobald der Winter eintritt, verläuft das Jammern genau umgekehrt. Ein tiefer Zustand der Zufriedenheit ist Energievampiren meistens fremd. Ein Mensch, der wahrliche Zufriedenheit kennengelernt hat, sie schon einmal gefühlt hat, hat kein Verlangen mehr nach etwas anderem. So ein Mensch beschäftigt sich mit den schönen Dingen, die Freude in das Leben bringen. Um so ein Mensch, ein Strahli, zu werden, müssen Sie verinnerlichen, was einem Strahli diese atemberaubende Ausstrahlung verleiht. Sie müssen verstehen, was ein Strahli anders macht als Sie. Vergessen Sie jede Zeitschrift, jedes Magazin und jedes Buch, das Sie bis heute gelesen haben, oder vorhaben, zu lesen. Selbst das beste Buch der Welt könnte Sie nicht gegen Energievampire schützen, wenn sie das Geheimnis der Strahli's nicht verstehen. Die Kenntnis über dieses Geheimnis ist essentiell für einen erfüllten Lebensstil voller Glück.

Das Geheimnis der Strahli's lautet: „Ich habe mich entschieden, zu entscheiden." Lassen Sie diesen Satz einen Moment lang wirken und lesen Sie diesen scheinbar banalen Satz ein paar Mal. Wiederholen Sie diesen Satz ruhig zwischen fünf und zehn Mal hintereinander. Stellen Sie sich an einen ruhigen Ort vor einen Spiegel, sehen Sie sich dabei selbst in die Augen und sprechen Sie den Satz „Ich habe mich entschieden, zu entscheiden“ im bestimmenden Ton zu ihrem Spiegelbild. Sie können sich diesen Satz immer wieder ins Gedächtnis rufen. Sei es in einem Restaurant, im Warteraum eines Amtes, in der Bahn, beim Arbeitsplatz oder gar im Supermarkt. Sagen Sie sich diesen Satz gedanklich, sodass Sie ihn mit ihrem inneren Ohr wahrnehmen. „Ich habe mich entschieden, zu entscheiden.“ Das ist das Geheimnis der Strahli‘s. Wenn Sie es verstanden und zutiefst verinnerlicht haben, werden Sie bemerken, dass Energievampire immer mehr aus Ihrem Alltag verschwinden. An diesem Punkt angelangt, werden Sie die Welt der Energievampire kaum noch wahrnehmen. Sie werden einfach nicht mehr in der Lage sein, das Gejammer so zu verstehen, wie sie es meinen. Selbst, wenn Sie es hören, wird Sie das emotional kaum negativ beeinflussen. Sie werden es vermutlich akustisch wahrnehmen, jedoch wird es Ihre Stimmung faktisch keinen Millimeter verschieben. Sie bleiben Ihrem Weg der Zufriedenheit mühelos treu, weil alles andere absurd und naiv wäre.

Der kleine Dolmetscher im Kopf

Wenn es ein plump daher gesprochener Satz schafft, Ihnen Energie zu entwenden, dann oft, weil Sie spüren, dass sich dahinter die eigentliche Aussage des Senders versteckt. Nicht jeder weist den nötigen Mut auf, um direkt und ehrlich zu sprechen. Aus Angst vor Enttarnung werden Aussagen getätigt, die höchstens indirekt andeuten lassen, worin die wirkliche Intension besteht. Ehrlich und direkt zu sprechen, würde zur Darstellung der eigenen Ängste führen. Lieber werden daher Hilferufe als nörgelnde Aussagen verkleidet. Ein Stück weit schummeln wir uns alle mit dieser Methode durch. Um Ihr Gegenüber besser zu verstehen, stellen Sie sich vor, Sie hätten einen kleinen Dolmetscher im Kopf. Der ist immer zur Stelle, wenn es ein Dialog erfordert. Versuchen Sie, die Frage hinter der Frage zu erkennen, die Aussage hinter der Aussage. Damit sparen Sie nicht nur Energie. Auch Zeit wird dadurch gewonnen, da man relativ schnell zum Punkt kommt. Reduziert auf das Wesentliche, erhält der Dialog echte Substanz, auf die aufgebaut werden kann, wenn das überhaupt gewollt ist. Um den Dolmetscher in Ihrem Kopf zu schulen, fangen Sie, wie immer, am besten bei sich selbst an. Beobachten Sie Ihre eigenen Aussagen und fragen Sie sich ganz radikal, ob Sie wirklich genau das meinen, was Sie sagen. Wenn Sie sich selbst dabei erwischen, eine Aussage zu verkleiden, merken Sie sich diese gut. Beim nächsten Mal achten Sie ganz genau darauf, die Verkleidung wegzulassen. Zum Beispiel könnten Sie sagen: "Jogginghosen in der Öffentlichkeit, beim Einkaufen, zu tragen ist total unpassend." Vielleicht meinen Sie in Wahrheit: "Ich würde gerne mit der bequemen Jogginghose einkaufen gehen, habe aber Angst, dass mich jemand dafür verurteilt, wenn er mich sieht." Je mehr Sie sich selbst enttarnen, desto eher werden Sie in der Lage sein, andere zu enttarnen. Es gibt unzählige Beispiele von vorgeschobenen Aussagen, die wir alle schon mal gehört haben. Sowas wie "Du hast mit so vielen verschiedenen Männern geschlafen, ich hingegen kann sie an einer Hand abzählen", kann die Aussage "Ich würde mich so gerne sexuell entfalten und Erfahrungen sammeln" verstecken. Nicht hinter jeder Aussage verbirgt sich eine Verschwörung, aber viele Menschen sagen weniger, als Sie meinen. Neid ist da ein vermeintlicher Motor, der wiederum aus Angst resultiert und angetrieben wird. Neid macht Menschen zu giftigen Nichtsgönnern. Diese zeigen dann mit dem Finger auf andere und tätigen Sprüche wie „Der hat doch nur Glück gehabt, sonst wäre der niemals erfolgreich geworden." Der Dolmetscher im Kopf übersetzt: „Wow, so eine beeindruckende Leistung würde ich auch gerne erbringen." Es scheint, als wäre das Neid-Thema vor allem in Österreich ein Großes. In Miami oder in New York habe ich zum Beispiel erlebt, wie sich Menschen freuen und dem Fahrer eines vorbeifahrenden Luxusautos gönnend zujubeln. Musiker, die auf der Straße versuchen, ihre Alben zu verkaufen, unterstützen sich gegenseitig, indem sie nicht nur ihre eigenen Alben anbieten, sondern auch über Live-Auftritte anderer informieren. In den meisten Teilen der Welt überwiegt die Freude, wenn jemand etwas geschafft hat. In Österreich fährt ein Luxusauto an der Kreuzung vorbei und man hört: "Das kann er sich niemals leisten, gehört sicher dem Vater." Zusätzlich der neidische

Seufzer und das übliche Kopfschütteln mit gleichzeitig zusammengepressten Lippen, welche auf einer Seite die Mundwinkel hochziehen, nicht zu vergessen.

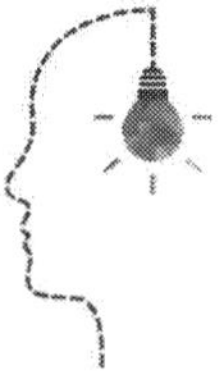

Der Dolmetscher in Ihrem Kopf kann Ihnen dabei helfen, Energie zu sparen. Sie müssen zu Beginn nicht jede Aussage laut enttarnen. Vielleicht nützt es Ihnen mehr, wenn Sie heimlich dolmetschen. Gehen Sie sogar so weit, dass Sie die verkleidete Aussage so annehmen, wie Sie getätigt wird. Darauf folgt vielleicht eine weitere, welche Sie wieder heimlich übersetzen können. Machen Sie auch das spielerisch und haben Sie Freude dabei. Betrachten Sie es als Experiment. Sie werden bemerken, dass sich einige Aussagen stetig wiederholen. 10 verschiedene Menschen verwenden ein und dieselbe verkleidete Aussage, um meist ein und dieselbe Grundaussage zu verstecken. Die vermeintlich glaubwürdigsten Schummel-Aussagen haben sich durchgesetzt. Ihr Dolmetscher soll diese aber erkennen! Zählen Sie einfach mal mit. Schreiben Sie sich die am häufigsten auftretenden Sprüche in einen Notizblock. Sie werden merken, dass der Dolmetscher einen relativ einfachen Job hat. Denn Menschen, die authentisch sind und hemmungslos aussprechen, was Sie meinen, sind individuell und dadurch verschieden, weil Sie nichts vorspielen müssen. Sie gedeihen friedlich und genießen die Vielfalt. Menschen, die hingegen verkleidete Aussagen treffen, aus Angst enttarnt zu werden, sind gezwungen, in eine Rolle zu schlüpfen. Diese Rollen sind begrenzt und leicht zu erkennen, wenn man Neid in gewisser Weise versteht.

Die Zuckerl-Taktik!

Für eine Zeit lang habe ich als Finanzberater in einem großen, sehr erfolgreichen Büro in Wien gearbeitet. Das Büro war, im Vergleich zu anderen Büros, riesengroß und es bot Platz für zirka 50 Menschen. Der Job machte mir sehr viel Spaß. Während meiner knapp zweijährigen Tätigkeit durfte ich sehr viele Menschen kennenlernen. Mit vielen meiner damaligen Kunden stehe ich noch heute in Kontakt. Wir haben uns schätzen und lieben gelernt. Dank etlicher Termine habe ich verschiedenste Wohnungen gesehen, traf Menschen aus jeder Gesellschaftsschicht, und das Wichtigste war für mich, dass ich mir meine Zeit frei einteilen konnte. Auch mein Hund profitierte also von meinen flexiblen Arbeitszeiten und war sogar ein paar Mal bei einem Termin dabei. Alles wunderbar! Könnte man zumindest meinen. Der Job als Berater war mit all den Jobs, denen ich davor nachging, nicht ansatzweise zu vergleichen. Zumindest kam kein Job an so viele positive Aspekte ran wie dieser. Trotzdem wurden alle positiven Punkte mit jeder Woche schwächer. Sie schwächelten und bröckelten allmählich dahin. Das Prestige, das mich umgab, verlor unweigerlich an Glanz und schon bald hatte ich tiefe Abneigung, wenn ich nur daran dachte, in dieses ach so tolle Büro zu fahren, um dort zu arbeiten. Was ist also passiert? Wie konnte es sein, dass sich ein derartig unangenehmes Unwohlgefühl in der Bauchgegend einschleicht, obwohl die Arbeitsbedingungen grundsätzlich wundervoll waren? An der Umgebung hat sich überhaupt nichts verändert. Auch das Büro selbst war nach wie vor tip top ausgestattet und die Möglichkeiten, sehr viel Geld zu verdienen, rückten mit jedem Tag näher! Naja, Sie ahnen es bereits und liegen natürlich absolut richtig. In diesem Büro arbeiteten giftige Energievampire. Streng genommen waren es zwei. Der Witz daran war, dass beide niemals auf die Idee gekommen wären, dass eine gewisse Stimmung, eine gewisse unangenehme Spannung im Arbeitsklima ihnen bzw. ihrem Verhalten geschuldet war. Untereinander verstanden sich die beiden Energievampire sehr gut. Zumindest spielten sie sich das routiniert vor, weil sie in bestimmten Bereichen voneinander abhängig waren. Sie kennen sich seit sehr vielen Jahren und haben sich scheinbar gekonnt auf die Lüge geeinigt, sich zu mögen. In Abwesenheit des einen sprach der jeweils andere ausnahmslos abwertend über seinen Kollegen. War ich also mit Person A unterwegs, so hieß es, dass Person B absolut unfähig sei usw. War ich mit Person B unterwegs, hörte ich genau dasselbe umgekehrt. Sowas beobachten wir oft. Energievampire sind meistens stur. Ihr Zeigefinger zeigt ständig auf die Anderen. Dass sie dabei gleichzeitig mit drei Finger auf sich selbst zeigen, bekommen sie gar nicht mit. Jeder Versuch der Bewusstseinsarbeit scheint da häufig ziellos. Sehr oft sind sie nicht in der Lage, den Zugang zu sich selbst zu erkennen. Abgesehen davon war es nicht mein Job, hier Bewusstseinsarbeit zu leisten (obwohl ich das in Wahrheit, meinem Naturell entsprechend, unausweichlich tat), sondern Kunden bestmöglich zu beraten. Das Problem war nur, dass ich mit meinen Aufgaben genau zwischen diesen zwei Energievampiren stand. Um mein damaliges Schwächegefühl genauer zu schildern, lade ich Sie auf eine kurze Gedankenreise ein: Stellen Sie sich einen glasklaren, erfolgversprechenden Weg vor, den Sie voll motiviert beschreiten. Vielleicht einen Weg, den Sie öfter spazieren.

Ihnen geht es super, das Wetter ist genauso, wie Sie es am liebsten haben und Sie sind sorgenfrei. Sie sehen schon das große Ziel unmittelbar vor Ihren Augen, und alleine das Wandern auf diesem Weg fühlt sich so erfüllend an, dass Ihnen das endgültige Ziel mit jedem Schritt relativ unwichtig erscheint. Tiefenentspannt und glücklich gehen Sie diesen Weg weiter und weiter und plötzlich, wie aus dem Nichts, nehmen Sie links und rechts hinter Ihnen schwebende, graue Energien war. Sie können diese nicht gänzlich beschreiben, da es kaum etwas zu sehen gibt. Viel mehr spüren Sie die Energie dieser zwei, hinter Ihnen, schwebenden Wesen. Mit jedem Schritt mehr rauben Ihnen diese Wesen Ihre Kraft ein großes Stück mehr und es bildet sich vor Ihren Augen ein leichter Schleier der Unklarheit. Ihnen ist nicht ganz klar, was da jetzt passiert und diese Wesen kommen Ihnen immer näher und näher. Neben Ihnen angekommen, spüren Sie nun die geballte negative Energie dieser beiden Wesen. Sie können dieser aktuell nicht ausweichen und versuchen, sich auf Ihr Ziel zu konzentrieren, doch mit jedem erfolgreichen Schritt, den Sie setzen, kommen diese Wesen Ihnen auch seitlich spürbar näher. Gerade eben war noch alles so toll und plötzlich, seit diese Wesen Sie begleiten, fühlt sich der Weg, also der Job, die derzeitige Tätigkeit und der Arbeitsplatz, unpassend an. Die Stimmung ist gekippt und es scheint, als ob Sie das nie wieder ändern können.

Hier beenden wir das Gedankenexperiment, weil ich denke, dass Sie meine damalige Lage nun sehr gut nachvollziehen können. Ich stand also da und wusste nicht, was ich tun soll. Ich liebte diesen Job, weil er mir Spaß machte, aber ich war gezwungen, mir zu überlegen, was ich ändern kann, um mit der Situation besser umgehen zu können. Eines Tages, während der eine von den zwei Energievampiren, wie immer, laut schreiend das Büro betrat und einen Witz nach dem anderen durch die Büroräume trällerte, kam mir eine Idee. Diese Idee war in der Anwendung so wirkungsvoll, dass ich Sie zu einer Taktik geformt habe und Ihnen mit diesem Buch unbedingt mitteilen möchte! Ich nenne diese Taktik die Zuckerl-Taktik!

Nehmen Sie bei dieser Taktik die Haltung eines Vaters oder die einer Mutter ein und betrachten Sie den Energievampir als kleines, nach Anerkennung strotzendes Kind. Fühlen Sie sich reifer und stellen Sie sich ganz stark vor, dass der Energievampir nun ein Energievampirchen ist. Auch wenn derjenige älter ist als Sie, spielt das in keinster Weise eine Rolle. Im Gegenteil, je älter das Energievampirchen in Wirklichkeit ist, desto naiver stellen Sie sich es einfach vor. Denken Sie folgenden Satz: „Jeder einzelne Satz, jedes einzelne Wort, welches du, kleiner Bub, zu mir sagst, hat absolut kein Gewicht für meine Seele und mich.“ Bei einem weiblichen Energievampirchen denken Sie: „Jeder einzelne Satz, jedes einzelne Wort welches du, kleines Mädchen, zu mir sagst, hat absolut kein Gewicht für meine Seele und mich.“ Schlagartig ändert sich Ihr Gefühl in Bezug auf den schwierigen Kollegen! Dabei haben Sie nur die Perspektive gewechselt. Sie haben den Energievampir zu einem kleinen Energievampirchen gemacht, dessen Aussagen keine Relevanz mehr für Sie haben. Wenn dieser Kollege ab jetzt etwas Wichtiges erwähnt, nehmen Sie es an und profitieren davon. Wenn das kleine Energievampirchen versucht, etwas Bösartiges zu sagen, dann lassen Sie das nicht an Sie heran, weil es nun sowieso kein Gewicht hat und Sie dem Buben oder dem kleinen Mädchen aus einer gewissen Reife heraus sofort vergeben. Merken Sie, wie das wirkt? Dieses leichte Gefühl, das Sie vielleicht gerade spüren, haben Strahlis routiniert in ihr Mindset programmiert und fühlen es ununterbrochen. Zur Zuckerl-Taktik gehört auch, dass Sie dem kleinen Energievampirchen Zuckerl in Form von Komplimenten schenken. Ja, Sie lesen richtig. Machen Sie denjenigen, der Sie am meisten zurückhalten möchte, Komplimente! Das kann Wunder wirken! Der Kollege, der immer schreiend ins Büro kam, war ein Narzisst auf höchster, ungesunder Stufe! Durch gezielte Komplimente meinerseits konnte ich ihn tatsächlich besänftigen. Mit anderen Worten: Ich gab dem kleinen Buben sein Zuckerl. Springen Sie beinhart über Ihren Schatten und bedenken Sie, dass genau die, die es uns am schwersten machen, sie zu lieben, die sind, die es am meisten brauchen! Selbst wenn Sie gar keine Lust haben, denjenigen zu heilen und in irgendeiner Form zu helfen, denken Sie bei dieser Übung ausschließlich an sich selbst! Das dürfen Sie! Tun Sie es für sich und nicht für das Energievampirchen! Meinem damaligen Kollegen habe ich zum Beispiel in einem Gespräch auf der Terrasse mal nebenbei gesagt, dass ich ihn beneide und es vollkommen mutig von ihm finde, wenn er das Büro schreiend betritt. Er sah mich verblüfft an, blies den Zigarettenrauch aus seinem Mund und machte schnell irgendeine halbstarke, rhetorische Bemerkung. Seine Gestik verriet jedoch, dass er überrascht war. Mit so einer Meinung über sein Verhalten hat er niemals gerechnet. Das Zuckerl, in Form eines Komplimentes, hat der Selbstdarsteller gebraucht! Am nächsten Tag stand ich genau beim Eingang, als er das Büro betrat. Anstatt wie gewohnt zu schreien, deutete er es diesmal nur an. Er sagte nur ganz leise:

„Haaaalloooo“ und lachte dabei herzlich. Ich lachte mit ihm mit und dachte: „Na schau, kleiner Bub, wenn du weiter so brav bist, bekommst du vielleicht wieder ein Zuckerl“. Das ist wichtig! Wenn Sie die Zuckerl-Taktik anwenden, dann müssen Sie nach dem ersten Erfolg weiterhin in der Haltung eines Vaters oder einer Mama bleiben! Viele begehen den Fehler und lehnen sich nach dem ersten Erfolg zurück. Das bringt nichts. Zumindest nicht auf Dauer. Ein Energievampir kann zäh sein. Um auf lange Sicht etwas zu bewirken, müssen Sie den Energievampir also zuerst in ein Energievampirchen verwandeln und diesen dann regelmäßig mit Zuckerl (Anerkennung, Komplimente) füttern. Ich wende die Zuckerl-Taktik immer wieder an und fahre damit wirklich sehr gut. In diesem Büro wandte ich die Zuckerl-Taktik die letzten sechs Monate sehr gezielt und erfolgreich an. Ich beobachtete den kleinen Buben ganz genau. Ich fand zum Beispiel heraus, dass er ziemlich oft und gerne einen bestimmten Eistee trinkt. Eines Tages, als er wieder ins Büro kam, stand also zur Begrüßung genauso eine Eisteeflasche auf seinem Tisch. Er freute sich darüber und bedankte sich bei mir. Während er aus der Flasche trank, stellte ich mir vor, wie ich ihm seinen Kopf streichle und ihm sage: „Mmh, das schmeckt dem kleinen Bubi gö?“ Raten Sie Mal, was ich gemacht habe, als mir eine Kollegin erzählte, dass er privat sehr gerne singt und sogar eigene Songs aufnimmt. Ganz genau, ich gab dem Energievampirchen, dem kleinen Bub, ein weiteres Zuckerl! Nein, Duett sangen wir keines. Das wäre mir dann schon zu viel Nähe zum Energievampirchen gewesen. Stattdessen tat ich unwissend und sagte ihm, dass seine Stimme irgendwas Besonderes hat und ich fragte ihn, ob er sich vorstellen könnte, als Radiomoderator, oder ähnliches, zu arbeiten.

Seine Augen wurden groß! Die Pupillen weiteten sich und er wandte sich mir mit seiner vollen Aufmerksamkeit zu. „Eigentlich wollte ich immer Sänger werden“, sagte er stolz. Ich fragte gleich, warum er es nicht geworden ist und nachdem er ein bisschen über seine Vergangenheit erzählte, verriet er mir, dass er seine Freizeit oft im Musikstudio verbringt und dort Songs aufnimmt. „Woooow, kann ich mal einen davon hören?“, fragte ich ihn. Daraufhin versprach er mir, einen USB-Stick mit ein paar seiner bereits fertigen Songs. Merken Sie was hier geschah? Schön langsam war es nicht mehr nur mein eigener Blickwinkel, der sich verändert hat, sondern ganz deutlich auch das Verhalten des Energievampirs! Genau da wollen Sie mit der Zuckerl-Taktik nämlich hin! Der Energievampir tritt aus seiner routinierten, sich über einen sehr langen Zeitraum angeeigneten Rolle heraus und wird ruhiger, sanfter, netter, zugänglicher. Sie brauchen diese Taktik also nicht ewig fahren. Wann und wie Sie die Taktik langsam abklingen lassen können, werden Sie automatisch spüren.

Von einem bestimmten, sehr effektiven Zuckerl, das ich dem Energievampirchen damals schenkte, möchte ich Ihnen noch berichten: Der zweite Energievampir in diesem Büro sprach, wie bereits erwähnt, immer nur abwertend über den anderen. Um das gezielt zu verändern und somit gleichzeitig das generelle Arbeitsklima für alle Kollegen, nahm ich ein Zuckerl von mir und gab es ihm im Glauben, dass es vom zweiten Energievampir sei. Es war an einem heißen Mittag im Sommer. Das Büro war fast leer. Peter und ich erwarteten einen gemeinsamen Kunden zum Verkaufsgespräch. Der Kunde verspätete sich um 30 Minuten und Peters Stimmung war mies, weil er lieber im Schwimmbad gelegen hätte.

Nun wandte ich also die Zuckerl-Taktik an. Ich verpackte es als Zuckerl von Annemarie und sagte: „Du, Annemarie hat letztens gemeint, dass diese Firma ohne dich niemals überleben würde! Sie meinte, dass sie überhaupt nicht wissen würde, was sie macht, wenn du nicht hier wärst und die Firma so stark aufrecht erhältst.“ Sein Mund öffnete sich kurz. Peter war sichtlich erstaunt und wanderte mit seinen Augen nach links oben, um sich vorzustellen wie Annemarie das gesagt hat. Er machte sich geistig ein klares Bild davon. Dieses Bild gefiel ihm sehr. Das machte ich an seiner beruhigten Atmung fest. Nach ein paar Sekunden anhaltender Stille fragte er mich, wann sie das zu mir gesagt hat und ich meinte, dass sie es vor kurzem gesagt habe, ich könne mich jedoch nicht an den genauen Kontext erinnern. Das war ein Zuckerl, das Wunder wirkte! Seine Stimmung war ruckartig verzaubert, als hätte er gerade eine Stunde lang meditiert! Das Gespräch mit dem Kunden war sehr angenehm, der restliche Tag wunderbar! Dieses Zuckerl war eines der letzten, die ich dem Energievampirchen Peter gab. Bis zum Ende meiner Zeit als Berater sprach er nur noch gut über Annemarie. Umgekehrt setzte ich bei Annemarie genau so gezielt die ZuckerTaktik ein. Somit war meine Stellung zwischen den beiden Energievampiren mit der Zeit sehr angenehm und ich fuhr wieder viel lieber ins Büro, um zu arbeiten.

Entwickeln Sie ein gesundes Ego - Machen Sie, was Sie wollen!

Egoismus (von lateinisch ego „ich" mit griech. Suffix ismus) bedeutet „Eigeninteresse". Mit dem Wort Egomanie, welches eher die krankhafte Selbstzentriertheit beschreibt, hat der Begriff nichts zu tun! In unserer Gesellschaft ist die Grenze zwischen diesen zwei Begriffen oft schwammig, und weil der Egoismus negativ behaftet ist, kommt es vor, dass wir ein ungutes Gefühl haben, wenn wir an unsere eigenen Bedürfnisse und Wünsche denken. Aus Angst, schlecht dazustehen, verdrängen viele ihre eigenen Bedürfnisse über einen langen Zeitraum. Das kann im Inneren so viel Stress erzeugen, dass Krankheiten entstehen, deren Ursache der Arzt klarerweise nicht immer richtig erkennen kann. Ein gesundes Ego ist sehr wichtig! Wenn Sie verstehen, dass Sie nur dann mit den, von Ihnen gewünschten Dingen, in Resonanz treten können, wenn Sie ein gesundes Ego haben und leben, dann senden Sie eine bestimmte Frequenz aus, und allein das ist bereits ein riesengroßer Schritt weg von negativen Energiefeldern! Ihre Denkweise, Ihr Mindset, ist Ihr wertvollstes Werkzeug! Nutzen Sie es ganz bewusst! Ihr Leben, eine Pflanze. Ihre Gedanken, ihr Wasser. Nicht selten werden ureigene Wünsche und Bedürfnisse gar nicht mehr erkannt, dabei ist es so essentiell zu verstehen, dass gerade diese uns einzigartig und unsere Anziehungskraft stabil machen! Um einen gesunden Egoismus zu leben, müssen Sie sich erstmal eingestehen, dass Sie Bedürfnisse haben. Selbst, wenn Sie noch gar nicht wissen, um welche es sich dabei handelt. Nehmen Sie sich so viel Raum wie nötig, um die eigenen Wünsche wieder bewusst wahrzunehmen und zu entdecken! Viele Menschen sagen, dass sie gar nicht wissen, was sie eigentlich wollen. Was sie wirklich glücklich und vollkommen zufrieden macht, haben sie irgendwie vergessen. Als Kind war das noch leicht. Unsere Bescheidenheit ließ kaum zu, dass wir viel überlegten. Viel mehr waren wir im Hier und Jetzt, ohne uns wirklich damit zu beschäftigen, ob es gerade richtig ist, die Zeit mit Spielen zu verbringen. Große Gedanken über die Kleidung, die wir trugen, gab es auch kaum. Wir taten das, was uns Spaß macht, Punkt. Ich denke, dass wir eine falsche Idee von der Verantwortung haben, welche wir im Erwachsenenalter übernehmen. Überall beobachte ich, dass Menschen tatsächlich denken, sie hätten kein Recht mehr auf ein spaßiges Leben, nur weil sie plötzlich arbeiten gehen, die Miete bezahlen, sich um ihr Essen kümmern müssen usw. Ein erwachsener Mensch muss sich doch seinem Alter entsprechend benehmen, stimmt‘s? Sätze wie „Hast du schon die Nachbarin gesehen? Die wird jetzt 54 und zieht sich an wie eine 25-Jährige“ oder „Nein, feiern ist nichts für mich, immerhin bin ich ja schon Mutter von zwei Kindern“ oder am schlimmsten „Ja ich würde eh gern dies und jenes tun, aber was soll die und der von mir denken?“ Im Duden müsste neben dem Wort Verantwortung die Erklärung: “kein Recht mehr auf Spaß im Leben“ stehen. Meine Schreibweise lässt zurecht vermuten, dass es mich traurig macht, wenn ich sehe, wie viele Menschen sich damit abgefunden haben, denn es ist absolut giftig für Ihre Seele, wenn Sie nicht beginnen, sich zu fragen, was Sie eigentlich wirklich wollen. Das Leben ist zu kurz für irgendwann! Denken Sie nach! Zu Beginn ist es möglicherweise nicht leicht, sofort herauszufinden, was Ihnen Spaß macht, aber es ist nötig, dass Sie darüber nachdenken! Klar, wir leben in einer Zeit, in der uns die Werbung mit jedem neuen Produkt suggeriert, dass es genau dieses Produkt braucht, um endlich glücklich zu sein. Vieles davon haben wir unbewusst übernommen und es tatsächlich als unsere eigenen Bedürfnisse gespeichert. Von Kind an bombardierten uns die Botschaften der Werbeindustrie, denen wir nicht entkommen konnten. Es war für uns ganz normal, und noch heute haben wir den ein oder anderen Werbeslogan sofort parat, wenn die Marke der Firma fällt. Versuchen Sie jedoch zu verstehen, dass jeder Moment, ein neuer Moment ist. Sie haben jetzt gerade, in diesem Moment, die Möglichkeit, zu entscheiden, worüber sie nachdenken. Genau jetzt können Sie sich klare Gedanke darüber machen, was Ihnen Spaß macht, um dann ein gesundes Ego aufzubauen. Ihr Alter spielt keine Rolle. Wie Sie aussehen, welchen Beruf Sie haben und ob Sie bereits Kinder in die Welt gesetzt haben, hat keine Relevanz. Setzen Sie sich gemütlich auf die Couch, schließen Sie Ihre Augen und sagen Sie sich im Gedanken „Ich bin hier, ich bin jetzt und alles, was ich möchte, ist ein Leben voller Spaß und Freude.“ Gerne können Sie dies so oft wie möglich wiederholen. Diese Affirmation kann Ihnen dabei helfen, nach und nach ein Gespür dafür zu entwickeln, was Ihnen wirklich Spaß und Freude bereiten würde. Wenn Sie Ihren Geist mit solchen Übungen füttern, treten plötzlich Bilder hervor, die Sie auf spannende Ideen bringen können. Neben solchen Tricks können auch scheinbar banale Gespräche mit Freunden und Kollegen Ihnen helfen, herauszufinden, was Sie tun können, um wieder mehr Schwung und Freude in Ihr Leben zu bringen. Fragen Sie Menschen, die Sie schon sehr lange kennen, einfach mal, welche Momente Ihnen einfallen, in denen Sie absolut fröhlich waren. Fragen Sie auch einfach mal nach, welche Hobbys absolut gar nicht zu Ihnen passen würden und finden Sie dann heraus, ob das überhaupt stimmt. Experimentieren Sie und probieren Sie neue, scheinbar völlig unpassende, Dinge aus! Sie werden staunen, was Ihnen alles Spaß machen und Ihr Leben mit positiver Energie bereichern kann. Erfinden Sie sich neu, egal, was irgendwer darüber denkt! Möglicherweise poppen alte Bilder aus der Vergangenheit wieder auf und erinnern Sie an Ihre Leidenschaft! Oft kann es so einfach sein. Dazu eine kurze Geschichte.

Im Zuge meines Coach-Diplomlehrgangs, führte ich ein Einzelcoaching mit Caroline (29) durch. Sie wollte mit mir über ihre Unzufriedenheit, im Bezug auf ihren Freund Gerhard, sprechen. Caroline klagte über so ziemlich alles, was Gerhard machte und nicht machte. Ihren Frust schilderte sie demonstrativ. Während sie über ihren Freund sprach, schüttelte sie stets ihren Kopf und fuchtelte mit ihren Händen wild in der Luft rum. Es war mir kaum möglich, sie zu unterbrechen, und so beschloss ich, sie einfach mal reden zu lassen. Nach zirka drei Minuten begann Caroline zu bremsen. Ihr Sprachfluss wurde deutlich langsamer, sie gestikulierte gelassener und lehnte sich zurück in ihrem Stuhl. Da ich immer noch schweigend dasaß, ich mich Caroline jedoch körpersprachlich mit voller Aufmerksamkeit widmete, erwartete sie eine Antwort bzw. meine Meinung zu ihrer kompletten Situation. Ich stellte Caroline meine erste Frage: „Du hast soeben sehr oft erwähnt, dass dich deine aktuelle Situation extrem stresst. Was genau machst du dagegen?“ Kurze Stille. Caroline atmete tief ein und langsam wieder aus. Sie ging sofort in sich und überlegte. Ihr war klar anzusehen, dass sie meine Frage total ernst nahm. Ich setzte nach: „Lass dir bitte ruhig Zeit für deine Antwort." Nach geschätzten 20 Sekunden strich sich Caroline mit ihrer linken Hand ins Haar und meinte zeitgleich: „Ich schau mir Tanzvideos im Internet an." Eigentlich habe ich eher damit gerechnet, dass Caroline keine direkte Antwort liefern würde. Ich war positiv überrascht und wiederholte: „Verstehe ich das richtig, wenn du dich vollkommen gestresst fühlst, weil dein Freund dich nervt, siehst du dir Tanzvideos im Internet an?" Sie antwortete: „Ja, das ist das Einzige, was mich immer noch glücklich macht!" Mit dieser schlagartigen Wendung bildete ich mir sofort eine Hypothese, die sich ziemlich schnell bestätigte. Ich hackte nach und ließ mir von Caroline erzählen, warum ihr gerade Tanzvideos dabei helfen, ihren Stress zu minimieren. Sie erzählte, dass sie als Kind nichts anderes getan hat, als zu tanzen. Schon als Kind träumte sie davon, später mal als Tänzerin in einer bekannten Pop-Band Karriere zu machen. Sie besuchte Tanzkurse, betrat Bühnen bei kleinen Veranstaltungen und gewann einige Wettbewerbe in der Schule. Noch immer hat sie ihre Urkunden zu Hause in einer Mappe, die sie gegen nichts auf der Welt eintauschen würde. Carolines Augen glänzten und ich spürte ihre tiefe Begeisterung, wenn sie über das Tanzen erzählte. Um Caroline noch besser zu verstehen, lud ich sie zu einem kleinen Gedankenexperiment ein und bat sie, ihre Augen dabei zu schließen und sich zu konzentrieren. Ich fragte sie: „Angenommen, du wachst morgen auf und dein Leben ist ausnahmslos perfekt. Wie sieht dein Leben aus?" Caroline grinste! Nur der Gedanke daran, ein besseres Leben zu führen, bereitete ihr schon Freude. Sie meinte, dass ihr ein Blick auf den Kalender verrät, dass sie in ihrer beruflichen Tätigkeit endlich auf das Teilzeit-Modell wechselte. Sie hat heute einen freien Tag, ist seit langem endlich wieder ausgeschlafen und fühlt sich richtig fit. Nach dem entspannten Frühstück macht sie sich auf den Weg ins Studio. Hier fragte ich kurz nach, welches Studio sie meint, und sie antwortete lächelnd: „Na das Tanzstudio, das ich zwei Mal in der Woche besuche!“ Sie schilderte sehr detailliert und ich musste in diesem Einzelcoaching kaum etwas tun, als gelegentlich zu wiederholen, was Caroline sagte. In diesem Gedankenexperiment spazierte Caroline jeden Dienstag und Freitag ins Tanzstudio. Dort ließ sie ihrer Leidenschaft freien Lauf. Sie blühte wieder total auf und ihr täglicher Stress war wie in Luft aufgelöst. Nachdem sie mir ein paar Minuten lang von ihrem idealen Leben erzählte, bat ich sie, die Augen noch geschlossen zu halten und sagte noch anschließend: „Bei all dem Glück, das du gerade schilderst, fällt mir auf, dass dein Freund Gerhard nicht erwähnt wird.“ Caroline lachte liebevoll, ließ die Augen noch zu, strich sich mit beiden Händen die Haare hinter die Ohren und sagte mit aufrechter Körperhaltung: „Mein Freund ist der wichtigste Mensch in meinem Leben. Er ist der beste Mann, den ich mir an meiner Seite vorstellen kann. Wie jeden Freitag, hole ich Gerhard auch heute nach dem Tanzen von seiner Arbeit ab, damit wir einen romantischen Abend im Restaurant verbringen.“ Caroline hörte nicht mehr auf zu grinsen, und auf meine Frage, ob sie im Zuge des Gedankenexperiments noch etwas schildern möchte, erwiderte sie beinhart: „Nein, am liebsten würde ich jetzt einfach die Augen öffnen und Gerhard von der Arbeit abholen, um meine Vorstellung mit ihm zu besprechen und sie ab sofort konsequent in die Tat umzusetzen. Geht das?“ Ich war baff. Unser Gespräch hat keine 15 Minuten gedauert! Ich hielt Caroline nicht länger auf und meinte: „Es würde mich freuen, wenn du dir diese Antwort selbst gibst, Augen auf!“ Wir klärten ein paar Formalitäten und beendeten unsere Sitzung. Bis dato war dies die kürzeste und nebenbei eine meiner erfolgreichsten Sitzungen, die ich jemals hatte. In kürzester Zeit entdeckte Caroline wieder ihre Eigeninteressen. In Wirklichkeit wusste Caroline die ganze Zeit über, dass sie nur die Tatsache mit dem Tanzen aufgehört zu haben, stresst. Da ihr Blick jedoch pausenlos nach außen statt nach innen gerichtet war, fand sie immer wieder Menschen, die scheinbar für ihr unvollständiges Leben verantwortlich waren. Da es meistens diejenigen trifft, die einem am nächsten sind, glaubte Caroline lange Zeit, dass ihr Freund Gerhard schuld an ihrem Unglück war. Schönerweise erkannte sie noch rechtzeitig, was ihr im tiefen Inneren wirklich fehlte, was sie besonders gut kann, und was ihr leidenschaftliches Feuer wieder entfacht, sodass sie wieder viel mehr Spaß im Alltag hat. Große Fehlentscheidungen im Außen blieben ihr daher erspart und durch diese Erkenntnis begann sie, sich ein stabiles, gesundes Ego aufzubauen. Nach unserem Gespräch sah ich Caroline nur noch im Internet wieder. In kurzen Tanzvideos präsentierte sie ihre eigenen Choreographien! Ich war vollkommen begeistert und freute mich über einen handgeschriebenen Brief von Caroline, der ein paar Wochen nach unserem Gespräch in meinem Postkasten lag.

Nehmen Sie sich kurz Zeit, um auf den folgenden Seiten ein paar Fragen zu beantworten. **Schreiben Sie gerne mit!**

Was macht mir Spaß?

Was würde ich öfter tun, wenn ich Zeit dafür hätte?

Spazieren gehen

Fahrrad fahren

Was noch?

Yoga machen

Was kann ich tun, um mir die Zeit dafür zu nehmen?

einfach die Zeit dafür nehmen

Was noch?

Was bringt es, wenn ich das tue, was mir Spaß macht?

Zufriedenheit

innere Ruhe + Gelassenheit

Wie wirkt sich das auf meinen Alltag aus?

Wer profitiert noch davon, wenn ich glücklicher bin?

Meine Familie

Wer noch?

die Menschen um mich

herum

Lachen Sie sich selbst aus!

Bei einer Sache sind wir uns hoffentlich einig. Das Leben ist zu kurz für irgendwann! An diesen Spruch denke ich sehr oft. Er zählt zu meinen Lieblingssprüchen und motiviert mich immer wieder aufs Neue, wenn ich zum Beispiel einen Anstupser brauche, um ein Stück aktiver zu werden. Auch kommt mir dieser Spruch zum Beispiel ins Gedächtnis, wenn ich mich selbst dabei erwische, eine Diskussion mit einem Energievampir zu ernst zu nehmen. Wenn ich mich selbst dabei ertappe, wie ich einen sturen Energievampir von einer guten Sache überzeugen möchte, die er vehement versucht, abzuwehren. Der Moment, indem mir blitzartig klar wird, dass mein Gegenüber nicht im Geringsten den nötigen Zugang hat, um meine Argumentation wahrhaft anzuhören, bringt mich innerlich zum Lachen. In so einem

Moment wird mir auf Anhieb klar, wie naiv ich gerade handle, und das empfinde ich dann als so lustig, dass ich mich innerlich selbst auslache. Ich stelle mir dann vor, dass die Diskussion mit einer Kamera aufgenommen wurde und ich mir später nochmal anschauen kann, wie ich mit aufgesetzten Scheuklappen in die Energiefalle, in eine Sackgasse, laufe. Mittlerweile passiert mir das zwar äußerst selten, aber wenn es mir passiert, dann ist es immer wieder total witzig. Ein kurzes Beispiel: Daniel ist ein paar Jahre jünger als ich. Wir kennen uns, seit er lebt und wir sind im selben Umfeld groß geworden. Im Zuge der radikalen Abkopplung von meiner alten, negativen Umgebung schlugen wir beide völlig gegensätzliche Lebenswege ein. Während ich damit beschäftigt war, mir die großen Fragen des Lebens zu stellen und mein Dasein spirituell zu erforschen, entschied sich Daniel für einen kriminellen Weg, der ihm immer wieder längere Haftstrafen einbrachte. Ich fing an, mich weiterzubilden, und während ich einen Schritt nach den anderen setzte, um schleppend voranzukommen, ließ sich Daniel ein Tattoo nach dem anderen auf seinen Körper und letztendlich sogar in sein Gesicht stechen. Heute begegnen wir uns selten. Eines unserer letzten Treffen endete mit einer hitzigen Diskussion. Grob gesagt ging es um das Thema der Selbstbestimmung. Daniel war, laut eigenen Aussagen, fest entschlossen, einer Arbeit nachzugehen, um Geld zu verdienen. Tatsächlich bewarb er sich bei der ein oder anderen Firma. Sobald es zum Vorstellungsgespräch kam, war sofort klar, dass auf Seite der Arbeitgeber eine Anstellung aufgrund der Gesichts-Tattoos nicht erwünscht ist. Mit jeder Absage verließ Daniel der Mut und so fragte er mich, ob ich ihm helfen könnte. Ich konnte helfen! Jahre lang habe ich als

Staplerfahrer in einer Firma gearbeitet, die mich als Arbeiter immer geschätzt hat. Meinem ehemaligen Arbeitgeber blieb ich in guter Erinnerung und selbst Jahre nach meiner Kündigung verhalf ich der Firma immer wieder zu fleißigen Arbeitskräften aus meinen Kreisen. Ich erzählte Daniel davon und riet ihm, mit Lebenslauf im Gepäck direkt zu dieser Firma zu fahren. Wenn er wirklich arbeiten möchte, müsse er nur hinfahren, seinen Lebenslauf abgeben und sagen, dass er von mir kommt. In dieser Firma hätte er sofort einen Arbeitsplatz gehabt. Seine Tattoos wären irrelevant und er könnte spätestens eine Woche nach seiner Vorstellung in ein geregeltes Arbeitsverhältnis eintreten. Für mich war die Sache klar, aber als ich diesen Vorschlag machte, fand Daniel hunderte Ausreden, um ihn nicht anzunehmen. Keine einzige Aussage war ein echtes Argument. Er selbst aber empfand das gegenteilig. Er meinte, dass er nicht wüsste, wie er öffentlich zur Firma käme, also zeigte ich ihm die genaue Route mit 25 Minuten Fahrzeit auf dem Handy. Daraufhin meinte er, dass ich ihm das gar nicht zeigen brauche, weil er sowieso keinen Fahrschein hat, um dahin zu fahren. Ich legte ihm fünf Euro auf den Tisch, damit er sich zwei Tickets kaufen kann. Zunächst meinte er, dass er am Montag nicht direkt hinfahren kann, weil er einen wichtigen Termin hat. Daraufhin erklärte ich, dass er von Montag bis Sonntag zwischen 8 und 16 Uhr auftauchen kann, er also keinen Zeitdruck hat. Eine Voranmeldung ist nicht nötig, da das Büro immer gut besetzt ist. Auf einmal war es die Arbeit an sich, die Daniel nicht machen möchte, obwohl er sich zuvor genau für Jobs mit derselben Tätigkeit beworben hat. Im Laufe der Diskussion fing mein Kopf allmählich an zu rauchen. Nachdem Daniel mir erzählte, dass er wirklich gerne arbeiten würde, aber es unmöglich wäre, meiner Empfehlung nachzukommen, weil er kein Bankkonto, keine passende Arbeitskleidung, keine Jahreskarte für die öffentlichen Verkehrsmittel und nicht genügend Arbeitserfahrung hat, klickte es in meinem Kopf. Genau das war der Moment, indem ich mich von außen betrachtete und mir auffiel, wie naiv ich momentan war. Der Rauch in meinem Kopf löste sich mit der Erkenntnis, hier gegen eine Wand zu sprechen, sofort wieder auf! Ich rannte beinhart in eine Sackgasse, mit der Überzeugung, am Ende auf eine Weggabelung mit etlichen Auswahlmöglichkeiten zu treffen. Ruckartig war mir mit jeder Faser meines Körpers bewusst, dass Daniel nicht annähernd den Zugang hat, der wichtig ist, um meine Hilfe anzunehmen, geschweige denn, rational zu verstehen. Er stellte mir, wenn auch nicht absichtlich, eine Falle und ich trat voller Wucht hinein. Ich konnte nicht fassen, dass ich wirklich mit voller Emotion versucht habe, zu helfen, obwohl scheinbar gar keine Hilfe erwünscht ist. Sie kennen vielleicht diese Videos aus dem Internet, indem Katzen gefilmt werden, die versuchen, von A nach B zu springen. Videos, bei denen man im Vorhinein schon ganz genau weiß, dass sich das niemals ausgeht, die Katze dann mit ausgestrecktem Körper springt und nicht mal bei der Hälfte des Luftweges auf den Boden knallt. Ungefähr so fühlte sich das im Nachhinein für mich an und das brachte mich so stark zum Lachen, dass ich einen scharfen Blick für anstehende Sackgassen entwickelt habe. Natürlich gibt es Sackgassen, die gut getarnt sind, und ab und zu biege ich unwissend in eine davon ein. Wichtig ist aber, dass, wenn es Ihnen passiert, Sie es früh genug bemerken und sie mit einem sanften Grinsen wieder verlassen.

Entlarven Sie Ihr Drama!

Wann auch immer Sie sich in eine schwierige Situation begeben, die folgende Technik kann fast immer angewendet werden. Hierbei spreche ich von einer Technik, die es Ihnen erlaubt, sich selbst von außen zu betrachten und im besten Fall sich selbst auszulachen. Wir sind unter anderem emotionale Wesen und daher weist grundsätzlich jede Kleinigkeit das Potential auf, um sich als großflächiges Drama zu entfalten. Ja, wir machen aus einer Mücke oft einen Elefanten, wie es der Volksmund zu sagen pflegt. Ergo sind wir ziemlich oft unser eigener Energievampir, ohne es zu bemerken. Diese Erkenntnis erlangen einige Menschen leider ziemlich spät, oftmals sogar nie, und wenn doch, dann dauert es nochmal eine Zeit lang bis sich diese Erkenntnis setzt, vollkommen akzeptiert und in Folge darauf zielführend genutzt wird. Dabei könnte es so einfach sein. Völlig egal, was gerade an Ihrem Nervenkostüm knabbert, hinterfragen Sie Ihre Gedanken, welche die dramatischen Emotionen in Ihnen erzeugen. Wobei, selbst wenn die Emotionen gerechtfertigt und in Fällen wie Trauer um den Verlust eines viel geliebten Mitmenschen sogar wichtig und nötig sein können, tröstet doch eine Tatsache die wir alle 1000-mal erfahren haben. "Egal was passiert, im Leben geht es immer weiter." Ein bisschen Ruhe, Entspannung, Konzentration und eine Frage, die da lautet "und weiter?" müssten eigentlich reichen. Mal abgesehen von der bereits erwähnten Trauer, die sinnvoll und gesund sein kann, sollten Sie sich in den allermeisten Fällen fragen, ob Ihre dramatischen Emotionen gerade wirklich notwendig sind und vor allem, ob Sie Ihr Gefühlszustand wirklich weiterbringt. Es geht sowieso immer weiter, aber inwiefern bringt es Ihnen spirituelles, wertvolles Wachstum, wenn Sie sich zum Beispiel von Ihrem Nachbarn beleidigt fühlen, nur weil er schlecht über Sie spricht? Was genau bringt es Ihnen, wenn Sie sich über das stetig wiederholende, naive Verhalten Ihrer besten Freundin aufregen? Nennen Sie drei supertolle Vorteile, die Sie gewinnen, wenn Sie sich über das plötzlich, mitten am Weg aufgeplatzte Mistsackerl ärgern. Mal im Ernst, wie oft hat es sich durch Ihren Ärger wieder von alleine zusammengeflickt? Eben. Was genau bringt es Ihnen, wenn Sie sich ernsthaft Sorgen über den traditionell, jährlich vorhergesagten Weltuntergang machen und macht es Ihr Leben wirklich in irgendeiner Weise lebenswerter und attraktiver, wenn Sie über den Inhalt irgendwelcher, scheinbar wichtigen Zeitungsartikel fluchen? Beobachten Sie lieber Ihre Gedanken, denken Sie absichtlich und fragen Sie sich jedes Mal, wenn Sie die Rolle des eigenen Energievampirs einnehmen, was das für einen Sinn hätte. Im besten Fall wird Ihnen klar, dass Sie kurz davor sind, sich in ein unnötiges Drama zu stürzen, und Sie nehmen die Rolle des eigenen Energievampirs einfach nicht an und ein. Sie entscheiden sich lieber für das Annehmen der Begebenheiten, geben diesen jedoch nicht allzu viel Aufmerksamkeit und somit keine Macht über Ihren emotionalen Alltagszustand.

Denken Sie größer und weiter. Sie wollen wachsen und dabei das Leben genießen. Denn egal, was uns passiert, in Wirklichkeit spüren wir alle intuitiv, dass uns alles aus einem bestimmten Grund passiert und wir daran wachsen sollen. Im Leben passiert nichts "zufällig“ im Sinne von “sinnfrei“. Im Gegenteil es “fällt“ uns mit purer Absicht “zu“. Jeder Mensch, der uns begegnet, ist entweder unser Freund oder unser Lehrer, sagt man. Ich empfinde es so, dass jede Begegnung mit einem Menschen, sei es eine kurze Begegnung, oder eine längere Begleitung und auch jede Situation im Leben, immer ein von unserem Geist erzeugtes Bild ist, welches unsere spirituelle Reife auf physischer Ebene darstellt. Dieses Bild ist für uns greifbar. Wir nehmen es visuell, akustisch, olfaktorisch, gustatorisch und haptisch wahr. Unser Geist interagiert mit der kosmischen Urkraft und kreiert daraus einen Film, der sich immer im Jetzt abspielt, sodass wir stets wissen, auf welcher Entwicklungsstufe wir momentan stehen. Schauen Sie sich diesen Film, Ihren Lebensfilm, bewusst an und versuchen Sie herauszufinden, was Ihnen zum Beispiel das lästige Verhalten Ihres Nachbars lernen soll.

Ihr schlagfertiger Schutzschild!

Sie haben bestimmt schon Situationen erlebt, in denen Ihnen ein klassischer Energievampir mit provokativen Beleidigungen begegnet. Provokationen sind das Lockangebot der Energievampire. Ihre persönliche Schwäche macht deren Stärke aus. Viele Energievampire setzen alles daran, Ihnen Energie zu entwenden, indem sie Ihnen Ihre besonderen Stärken und Talente absprechen. Sie wollen, dass Sie sich schlecht fühlen. Das lässt sie nämlich glauben, dass sie besser sind als Sie. Dabei geht es um reine Macht. Egal ob im beruflichen oder im privaten Alltag, das Absprechen Ihrer Kompetenzen ist eine Taktik, die zu Hauf verwendet wird. Gelegentlich passiert das sogar viel hinterlistiger, indem sie Ihre Kompetenzen und Fähigkeiten nicht direkt absprechen, sondern sie höhnisch hinterfragen. Sätze wie „Warum braucht man bitte, für das, was du da beruflich machst, eine Ausbildung?" oder sowas wie „Findest du das nicht eingebildet, wenn man sich so eine komische Urkunde in der eigenen Wohnung aufhängt?" können Unruhe in Ihnen auslösen, wenn Sie das Motiv dahinter nicht erkennen und verstehen. Sie müssen verstehen, dass viele Energievampire den Zugang zu sich selbst soweit verloren haben, sodass Sie sich nur noch selbst spüren können, sobald sie andere runterziehen. In solchen Begegnungen ist es wichtig, konzentriert zu bleiben. Lernen Sie, mit Beleidigungen sachlich umzugehen. Sobald Sie sich in einen emotional behafteten Dialog einlassen, stehen Sie mit dem Rücken zur Wand und bieten jede Menge Angriffsfläche. Lernen Sie stattdessen, souverän zu antworten. Wenn es eines gibt, was Energievampire verunsichert, dann sind es schlagfertige Gegenargumente. Befassen Sie sich mit der Kunst der Rhetorik und wenden Sie diese schamlos an! Eine gefestigte Grundausstattung kann Wunder und auf Energievampire wie Gift wirken! Die meisten Energievampire, die ich in meinem Leben getroffen habe, und gelegentlich noch treffe, sind rhetorische Weicheier. In meiner beruflichen Karriere trat ich mit Menschen aller Art in Kontakt und dabei wurde mir klar, dass oft die erfolgreichsten Anzugträger ein starkes, rhetorisches Defizit aufweisen. Hunde, die bellen, beißen nicht. Lassen Sie sich nicht vom Auftritt eines Selbstdarstellers blenden. Vergessen Sie die Idee, dass jemand, der äußerlich schick aussieht, zwingend über eine geschickte Rhetorik verfügt. Verstehen Sie mich bitte richtig! Es ist absolut ok, beruflich sehr erfolgreich zu sein, die teuersten Hotels zu besuchen und Geld ohne Ende zu scheffeln! Jedem sei alles gegönnt! Ich möchte Ihnen nur klar machen, dass Sie sich nicht blenden lassen sollen. Ich bin ein friedlicher Mensch und wünsche all meinen Mitmenschen das Beste. Da es aber natürlicherweise Menschen gibt, die gefühlskalt und skrupellos durch diese Welt irren, habe ich entschieden, mich selbst effektiv zu schützen. Mein rhetorisches Grundgerüst stattet mich mit einem energetischen Schutzschild aus, welches ich zu jeder Zeit, immer dann, wenn ich es brauche, aktivieren und verwenden kann. Dieser Schild wehrt Beleidigungen und Provokationen nicht nur ab, sondern verwandelt diese in kürzester Zeit in einen präzisen Bumerang, der unerwartet zurückkommt. Energievampire haben oft kaum mit Konsequenzen zu rechnen. Immerhin ist der Großteil der Menschheit friedlich und strebt nach Wachstum, Glück, Zufriedenheit und sozialer Interaktion. Viele Menschen sind einfach zu gutgläubig und zu naiv, um einen skrupellosen Energievampir überhaupt zu erkennen. Akzeptieren Sie, dass es gruselige Energievampire auf unserer Erde gibt und befassen Sie sich mit Rhetorik und Körpersprache!

Hier eine Erfahrung von mir: Ich arbeitete eine Zeit lang als Security in einem noblen 5-Sterne Hotel in Wien. Das Hotel hatte eine sehr angesagte Cocktailbar im Dachgeschoss und zog, wegen der einzigartigen Aussicht über die gesamte Stadt, jede Menge Besucher an. Meine Aufgabe bestand darin, die Hostess im Erdgeschoss bei der Garderobe zu unterstützen. Dabei durfte ich den Dresscode der Besucher kontrollieren und diejenigen, die ihm entsprachen, nach hinten zum Aufzug begleiten. Der Aufzug fuhr nur, wenn ich ihn mit meiner Mitarbeiterkarte programmierte. Eines Samstagabends erwarteten wir 20 Gäste, die sich ein paar Tage zuvor Plätze in der Cocktailbar reservierten. Wie gewohnt, stand ich am Empfang und begrüßte nun die erste Hälfte der Gruppe. „Guten Abend" rief ich höflich in die Runde. Neunmal kam ein fröhliches „guten Abend" zurück. Eine Person reagierte nur mit einem abwertenden Blick an mir vorbei. Es war eine zirka 45- jährige Dame mit kurzen, blond gefärbten Haaren, weißen Perlen-Ohrstecker, goldenen Armreifen und einem scheinbar sehr teuren Business-Blazer. Sie hatte die Nase weit nach oben gerichtet und war definitiv das Alphatier der Gruppe. Der Rest folgte ihr und hörte immer ganz genau, was sie zu sagen hat. Nachdem alle 10 Personen ihre Jacken abgegeben hatten, bat ich sie, mir zum Aufzug zu folgen. Schon meine Bitte, mir zu folgen, schien dem Alphatierchen nicht zu gefallen. Sie missdeutete es als Befehl und fühlte sich beleidigt. Beim Aufzug angekommen, halte ich meine Mitarbeiterkarte an den Touchscreen, um den Aufzug zu rufen und zu aktivieren. Die ganze Gruppe ist still und erstaunt von der Technik, die sich wie ein roter Faden durch das gesamte Hotel zieht. Die ganze Gruppe, bis auf eine Person. Richtig, es war natürlich die Nase-Hoch-Dame. Ihre Körperhaltung war selbstbewusst. Ihr Kinn etwas angehoben, die Arme seitlich an die Hüften geklemmt und der Stand, trotz hoher Stöckelschuhe, breit und stabil. Nachdem Sie meine Bitte, mir zu folgen, schon provozierte, ärgerte sie nun die Wartezeit auf den Aufzug. Ich hielt meine Mitarbeiterkarte erneut an und während ich zum zweiten Mal versuchte, den Aufzug zu rufen, fing die Dame schon an. „Na, sie bedienen das Gerät ja, als ob man dafür ein Examen braucht." Ein paar ihrer Kolleginnen lachten aus Höflichkeit über diese freche Bemerkung. Ich tat, als ob ich diese Aussage wortwörtlich ernst nehme und erwiderte: „Wäre Ihnen das wirklich schon zu kompliziert?" Die gesamte Gruppe war ruhig und blickte erwartungsvoll auf ihre Anführerin. Diese stotterte plötzlich: „Ja bitte, dafür muss man ja wirklich nicht studieren, das ist ja lächerlich was sie darbieten." Nun blickten alle Personen zu mir und es war vollkommen leise. Ich aktivierte sofort mein Schutzschild und genau in diesem Moment öffnete sich schon die Tür zum Aufzug. Die gesamte Gruppe betrat den Aufzug wandte sich mir zu und wartete, bis ich den Aufzug programmierte, damit er losfährt. Ich setzte mir ein deutlich freches Lächeln auf und bevor sich die Tür schloss, sagte ich: „Ich kenne Sie zwar nicht persönlich, aber Sie machen eigentlich einen relativ intelligenten Eindruck auf mich, und wenn Sie möchten, geben Sie gerne Ihre Bewerbung bei mir am Empfang ab. Überlegen Sie sich das bei einem guten Cocktail. Einen schönen Abend wünsche ich." Der Aufzug fuhr los und ich hörte das Gelächter der gesamten Gruppe durch den Aufzugsschacht hallen. Vermutlich war ich der Erste, der dem Alphatier mit schroffer Haltung begegnete. Ein paar Stunden später verließen die Gäste die Cocktailbar nach und nach vereinzelt und schlenderten, am Weg zum Ausgang, wieder unweigerlich an mir vorbei. „Das war vorhin echt stark, Respekt!" meinte eine der Damen zu mir. Sie sagte, dass Sie es genoss, dass der Nase-hochDame mal eloquent begegnet wird! Ihre Kolleginnen stimmten ihr zu und bedankten sich bei mir für den netten Empfang.

Wertfrei annehmen

Das Bewerten von Erzählungen kann eine tückische Energiespirale erzeugen. Ein banaler Dialog, in dem Sie die defensive Rolle, sprich überwiegend die des Zuhörers, einnehmen, birgt die Möglichkeit einer regelrechten Energieabzapfung, wobei hier sowohl der Zuhörer, als auch der Erzähler ein Minusgeschäft macht. Dem Erzähler ist das meist nicht klar. Er denkt, genau das Gegenteil wäre der Fall. Schließlich lässt er zum Beispiel seinen Frust ab und denkt er, könne ihn gegen kostbare Energie eintauschen. Der Zuhörer hingegen fühlt eindeutig, dass der Dialog wertvolle Energie kostet, wenn der Gesprächspartner überwiegend versucht, Frust abzuladen, indem er jammert. Ich gehe davon aus, dass Sie das schon mehr oder weniger erlebt haben und wissen, wie zehrend sich das anfühlen kann. Mit dem Beispiel der Frustabladung wird es sehr deutlich und kaum jemand wird das bestreiten. Mir ist aber aufgefallen, dass selbst das Bewerten von positiven, hoffnungsvollen Erzählungen in der Lage ist, Energie zu rauben. Seitdem mir das klar wurde, habe ich bewusst beobachtet, weshalb das so ist. Warum raubt es mir Energie, wenn mir zum Beispiel jemand von seinen erfolgsversprechenden Zukunftsplänen erzählt? Warum fühle ich mich sogar nach einem Gespräch geschlaucht, in dem es eigentlich um etwas Schönes geht? Was genau macht mich müde, wenn mir vom Kauf eines neuen Autos erzählt wird? Sogar Erzählungen von Erlebnissen, die mir selbst Spaß und Freude bescheren, wie etwa der Fortschritt beim Spielen eines Instrumentes, zapfen mir manchmal enorm Energie ab. Ich habe mich selbst und meine Emotionen bewusst beobachtet und wurde fündig.

Der Grund, weshalb sogar positive Aussagen in der Lage sind, mir Energie zu rauben, ist das vom Erzähler subtile Verlangen nach Bewertung.

Viele Menschen können mit der wertfreien Annahme nicht umgehen. Sie erwarten eine Bewertung, um ihre eigene Empfindung mit Ihrer abzugleichen. Das soll sie entweder bestätigen und in ihrer Entscheidung festigen, oder einfach nur motivieren und antreiben. Das klingt im Falle des tollen Fortschrittes, beim Spielen eines Instrumentes, auch legitim. Wenn aber eine sofortige Bewertung auf subtiler Ebene gefordert wird, kann es Energie kosten und müde machen. Beim ständigen Verlangen nach Sätzen wie: "Wow, das machst du super", bekommen wir das Gefühl, dass der Erzähler sich seiner Sache gar nicht so sicher ist, wie es scheint, und somit wirkt es insgesamt ein bisschen unauthentisch auf uns. Das wiederum gibt uns das Gefühl von einem Dialog, der nicht in die Tiefe geht, sondern irgendwie auf der Oberfläche dahintreibt. Wäre der Erzähler zum Beispiel wirklich von seinem neuen Hemd überzeugt, würde er es einfach tragen und sich vielleicht kurz Lob einholen wollen. Wenn er jedoch unentwegt nach Bestätigung für sein tolles Hemd sucht, scheint irgendetwas faul zu sein. Das spüren wir intuitiv. Lob und Bestätigung braucht vermutlich jeder in gewissem Maße. Die Einen mehr, die Anderen weniger. Das ist völlig ok. Wir sind eben soziale Wesen und leben von Interaktion. Eine unterschwellige Forderung mit entsprechender Kombination aus Gestik und Mimik aber lässt nur denjenigen wirklich kraftvoll bleiben, der das Ganze durchschaut und verstanden hat. Nur wer wirklich erkennt, dass extra gesetzte Pausen zwischen den Sätzen da sind, damit darin gewünschte Bewertungen stattfinden, kann bewusst entscheiden, hier keine abzugeben. Selbst einfache Anmerkungen wie "Mhm, gut" oder eben "Oh, schlecht", können schon für ein einseitiges Gespräch sorgen, wovon in letzter Instanz keiner von beiden wirklich profitiert, weil es oberflächlich bleibt. Warum also nicht einfach mal unkonventionell kommunizieren? Wie so oft, ist auch hier ein gewisses Fingerspitzengefühl von Vorteil. Sie können schnell als Unsympath wahrgenommen werden, weil Ihre Art der Kommunikation vielleicht Unsicherheit bei Ihrem Gegenüber hervorruft. Wenn Sie jedoch das nötige Fingerspitzengefühl haben, welches sich mit Übung entwickelt, dann profitiert auch Ihr Gegenüber davon. Es genügen ganz simple Antworten wie: "Ok, verstehe", "Alles klar, kenn mich aus", oder "Aha, erzähl weiter", um den Dialog ausbaufähig zu halten und der dringlichen Forderung nach Bewertung zu entgehen. Auch eignen sich direkte Gegenfragen sehr gut, um frischen Wind hineinzubringen. Mit Gegenfragen können Sie manchmal auch dafür sorgen, dass sich der Erzähler das Kompliment in gewisser Weise selbst macht. Um es konkret zu machen, ein kurzes Beispiel: Ihre Freundin aus Kindheitstagen erzählt Ihnen zum sechsten Mal, dass sie mittlerweile drei Akkorde auf ihrer Gitarre spielen kann. Sie haben ihr bisher fünf Mal ein Kompliment gemacht, weil sie es Ihnen aufdringlich, stark nach Bewertung fordernd unter die Nase gerieben hat. Beim sechsten Mal entgegnen Sie neugierig mit der Frage "Vor kurzem konntest du noch gar keinen Akkord spielen und jetzt spielst du drei Akkorde. Wie fühlt sich das eigentlich für dich an?" Sie erweitern damit den Horizont bzw. heben das Gespräch auf die nächste Ebene und motivieren Ihre Freundin gleichzeitig, wenn sie offen genug dafür ist. Im besten Fall führt sie sich mit ihrer eigenen Antwort selbst vor Augen wie gut und toll ihr Erfolg ist und mildert damit ihr subtiles Verlangen nach Bewertungen von Außenstehenden. Ihr Hunger nach ständiger Bewertung nimmt ab, sobald sie versteht, dass ihr Erfolg an sich wertvoll ist und gar keiner oberflächlichen Bewertung bedarf. Mir ist selbst aufgefallen, dass es Energie rauben kann, wenn ich von Ideen und Vorhaben erzähle und diese dann plump, jedoch in guter Absicht, mit Bewertungen beantwortet werden. Geistiger Austausch von Ideen, Ergänzungen, Anregungen, eigenen Gedanken und Fragen sind in der Lage, Energie zu geben, anstatt sie zu nehmen. Wenn kurz davor oder dazwischen Lob mit einfließt, ist es wunderschön. Wenn es aber ausschließlich beim Lob an sich bleibt, verarmt der Dialog häufig und läuft Gefahr, ein Energieloch zu erschaffen. Versuchen Sie, Erzählungen wertfrei anzunehmen. Beginnen Sie mit einem schlichten „Ok, erzähl weiter." Das ist ein sanfter Einstieg. Die Leute da abzuholen, wo sie gerade stehen, ist bei dieser Taktik von großer Bedeutung. Sie können immer weiter gehen. Auf sowas wie "Ich bin heute wieder 38 Kilometer mit dem Fahrrad gefahren" können Sie beispielsweise humorvoll mit "Oh, für die letzten zwei Kilometer waren die Beine dann zu schwach?" gegenfragen. Natürlich sollten Ihre Antworten dem Grad der subtilen Forderung nach Bewertung entsprechen. Merken Sie sich: Es soll Ihnen primär den Erhalt Ihrer Energie gewähren. Ein psychologisches Duell ist viel zu kraftraubend und lohnt sich in letzter Instanz für niemanden, auch wenn es sich in erster Linie vielleicht so anfühlt. Wenn es Ihnen schwerfällt, so einen Dialog völlig friedvoll zu führen, wenden Sie vielleicht lieber die Zuckerl-Taktik an. Andernfalls nehmen Sie Erzählungen Schritt für

Schritt wertfreier an und integrieren erweiternde Aussagen. Die besten Tipps erhalten Sie in Wirklichkeit, wenn Sie zukünftige Gespräche ganz bewusst führen und sich dabei analysieren. Dann werden Sie erkennen, welche Rückmeldung Sie selbst gerne hören würden. Nehmen Sie gerne mal Stift und Papier zur Hand, um eigene Forderungen zu notieren. Wenn Sie diese erkennen, schreiben Sie sich in Folge dazu, was Sie stattdessen hören müssten, damit das Gespräch in die Tiefe, auf eine authentische Ebene gehen kann. Je besser Sie sich selbst verstehen, desto souveräner können Sie mit potentiellen Energiefallen in Gesprächen umgehen.

Selbstliebe

Die Selbstliebe ist die Trumpfkarte, die Quelle, um die herum alles wächst und gedeiht. Sie ist der Höhepunkt unserer Reise hier und in Wirklichkeit das einzig Wichtige, um friedvoll, ohne Blockaden und limitierenden Gedanken reifen zu können. Die gelebte Selbstliebe ist in der Lage, alles, was in Ihnen lieblos geworden zu sein scheint, wieder zu erwecken, und alles, was in Ihnen noch ungeheilt schlummert, in positive Kraft zu verwandeln. Diese positive Kraft ist grenzenlos! Da diese Kraft unbegrenzt ist, schöpfen Sie unendlich daraus, sobald Sie den richtigen Zugang zu sich gefunden haben. Den richtigen Zugang zu sich selbst zu finden, klingt für viele komplex. In Wahrheit kann einem die Erkenntnis der Selbstliebe aber auch simpel "passieren". Einmal gefunden, nie mehr verschwunden! Ich hatte so einen Blitzmoment, der mir den Zugang zu meiner Selbstliebe innerhalb weniger Momente gelehrt hat. Ein überaus interessantes Aha-Erlebnis, das ich nicht missen möchte und ich schon einigen Menschen erzählt habe.

An einem Samstagabend besuchte ich mit zwei Freunden eine Bar in der Wiener Innenstadt. Wir waren sehr gut drauf, der Abend verlief so, wie ein lässiger Abend unter Freunden verlaufen muss und wir hatten spaßige Gespräche. Da wir regelmäßig im Fitnessclub waren und stets sehr diszipliniert auf unsere sportlichen Fortschritte achteten, tranken wir keinen Alkohol. Die Musik war genau richtig, wir tanzten und lachten die ganze Zeit. Nach ein paar Stunden entschieden wir uns, den Heimweg anzutreten. Nachdem wir unsere Jacken von der Garderobe holten und die Bar verließen, schlenderten wir zum Taxistand um die Ecke. Hier kam mir die Erkenntnis zur Selbstliebe. Dank einer streitsüchtigen Gruppe voller blutjunger Männer hatte ich plötzlich eine spirituelle Offenbarung mitten am Taxistand. Einer von den zirka 15 Jugendlichen begann, mich ohne ersichtlichen Grund wüst zu beschimpfen. Er forderte mich auf, stehen zu bleiben und schoss so ziemlich alle Schimpfwörter in meine Richtung, die ich kannte. Damals war ich jemand, den man sehr leicht provozieren konnte. Streitereien hatte ich ziemlich viele, und aus einer gewissen Gewohnheit heraus blieb ich eben stehen, um das zu klären. Voller Wut, als hätte ich ihm tatsächlich etwas ganz Schlimmes angetan, blickte er mir kampfwillig in die Augen und wartete auf die erste Reaktion, die er von mir benötigte, um seine letzte Hemmung zu verlieren. Ich sah ihm auch in die Augen, spürte aber komischerweise absolut keinen Zorn. Völlig entspannt stand ich da. Null, nichts, nada. Meine Freunde waren mindestens genauso von meiner Ruhe verblüfft wie ich selbst. Ich war wie ausgewechselt und konnte keinen Zorn fühlen. Mit aller Mühe habe ich versucht, endlich wütend zu werden, aber es war mir de facto nicht möglich. Ich blickte kurz zu meinen Freunden, die links von mir standen, nickte mit dem Kopf und signalisierte, dass wir nun einfach in das Taxi einsteigen. Gesagt, getan. Wir stiegen gelassen in das Taxi ein, als wäre nichts passiert und fuhren nach Hause. Während der Fahrt sprachen wir ganz kurz über die seltsame Situation, und ich versuchte, das, was mir soeben geschah, gedanklich zu verarbeiten und logisch einzuordnen. Rational war es nicht zu erklären. Es war ein Gefühl, das mir klar machte, dass ich ab sofort, von jetzt auf gleich, einen Sprung auf eine andere, höhere Ebene machte. Heute beschreibe ich das damalige

Gefühl als schwerelos und hell. Es fühlte sich an, als ob mich ein Energiefeld umgab, das mich trägt, ohne mich zu berühren. Eine Stimmung voller Vertrauen, Zuversicht, Freude und Zuneigung, die mir unmittelbar zu verstehen gab, dass ich selbst genug bin. Ich wusste innerhalb weniger Momente etwas, was ich in all den Jahren davor nicht erkennen konnte, nämlich, dass ich genug bin. Mir wurde klar, dass der Mensch, den ich am meisten lieben sollte, ich selbst bin. Dieses Energiefeld wirkte so sehr, dass ich seit diesem Erlebnis, keinen einzigen nennenswerten Streit mehr hatte. Diese Erkenntnis lehrte mich die reine Selbstliebe. Anfeindungen oder dergleichen wurden seither auf das Minimalste reduziert und in der Sekunde, in der welche aufkamen, prallten sie auch wieder, noch bevor sie überhaupt in meine Nähe kommen konnten, wie von selbst ab. Beschimpfungen waren irrelevant und erreichten meinen Geist einfach nicht mehr. Energievampire sind seither rar und kaum noch aufzufinden. Mein Lebensblick mutierte schlagartig. Seit diesem wertvollen Aha-Erlebnis reise ich auf einer schwerelosen Energiewelle der Vergebung durch diese Realität im tiefsinnigen Wissen, dass der Schlüssel zu unblockiertem Wachstum, die Selbstliebe ist. Auf der Reise zu bedingungsloser Selbstliebe bleiben Ihnen so einige Themen nicht erspart.

Um diese wertvolle Reise zur Selbstliebe abzurunden, beschreiten Sie die Prozesse der glasklaren Bewusstheit, der kollektiven Realität, der Gelassenheit, der radikalen Vergebung, der Entschlossenheit, dem Urvertrauen, der Eigenverantwortlichkeit, der Dankbarkeit und dem tiefen Einfühlungsvermögen. Es ist ein Pfad, der Sie unvermeidbar mit der allumfassenden Einheit, der Freiheit, dem Loslassen, der Achtsamkeit und unermesslicher Liebe in Berührung bringt. Wenn es hier und da ruckelt und bebt, genießen Sie es! Ein holpriger Weg gehört zum Aufwachen dazu. Es ist eine Reise, zu einer Reise, zu einer Reise ....

Wahre Selbstliebe erfahren Sie nur dann, wenn Sie sich selbst kennen und erkennen. Wenn Sie versuchen, Selbstliebe künstlich zu erschaffen, indem Sie auf externe Kriterien wie zum Beispiel überflüssiges Shoppen, Karriereerfolg und oberflächliches Schulterklopfen bauen, belügen Sie sich selbst. Es mag sich vielleicht kurzweilig richtig anfühlen, das künstlich erschaffene Szenario spielt jedoch ein Spiel, aus dem Sie mit Sicherheit nicht als Gewinner hervorgehen. Denken Sie langfristig, erweitern Sie Ihren persönlichen Horizont und überschreiten Sie gerne Ihre eigenen Grenzen. Hinterfragen Sie Ihre eigenen Glaubens- und Verhaltensmuster und nutzen Sie Ihr gegenwärtiges Sein in vollen Zügen! Sie müssen sich schon selbst lieben, um sich selbst zu lieben! Ich habe ein Buch geschrieben, in welchem es ausschließlich um die Selbstannahme geht. Es trägt den Titel „Was andere über mich denken, darf mich nicht mehr lenken.“ Werfen Sie gerne einen Blick hinein, wenn Sie möchten. Ihre bedingungslose Selbstliebe lässt Energievampire schwach aussehen. Sie werden bemerken, dass die Taktiken, welche angewendet werden, um an Ihre wertvolle Energie ranzukommen, einfach an Wirkung verlieren. Sie sind schlichtweg nicht mehr anfällig. Ihre starke Selbstliebe verleiht Ihnen ein friedvolles Energiefeld, das ständig um Ihren Körper pulsiert. Es ist weniger ein Schild, vielmehr ist es eine heimelige Kraft, die sanfte Wellen nach außen stößt und Ihnen damit eine spürbar harmonische Ausstrahlung vermacht. Harmonie kehrt somit zwangsläufig in Ihr Leben ein. Alles, was Sie bekommen, ist die Antwort auf Ihre ausgesendeten Wellen.

Führen Sie ein Selbstgespräch!

Wenn Sie sich oft genug selbst erzählen, dass Sie nicht gut genug sind, fangen Sie irgendwann an, es zu glauben, auch wenn es gar nicht der Wahrheit entspricht. Machen Sie lieber genau das Gegenteil! Schreiben Sie eine Liste persönlicher Stärken und Eigenschaften auf, die Sie an sich mögen oder sogar lieben. Wenn Sie Ihr Selbstgespräch ernst nehmen und es behutsam, gerne auch mit Humor, durchführen, können Sie etwas sagen wie: "Ich liebe es, wie ich aussehe. Jeder Millimeter an meinem Körper ist wunderschön und macht mich zu einem Unikat. Ich bin tatkräftig und mache täglich positive Schritte in Richtung Freude und innerer Zufriedenheit. Ich liebe meine Fähigkeit, anderen gut zuhören zu können. Ich bin ein wertvoller Mensch. Ich kann sehr gut tanzen. Meine Fähigkeit, Sprachen zu erlernen, ist kostbar. Mein eigener Charakter, meine Art ist richtig cool und ich fühle mich sehr gut." Finden Sie etwas Positives, das gut zu Ihnen passt und wiederholen Sie es mehrmals den ganzen Tag über verteilt. Wenn Sie alleine sind, sprechen Sie es gerne laut aus, als ob Sie tatsächlich ein Gespräch führen. Wenn Sie von Leuten umgeben sind, zum Beispiel im öffentlichen Verkehr oder in der Arbeit, konzentrieren Sie sich und lauschen Ihrer inneren Stimme. Diese Praxis kann dazu beitragen, Ihre Denkweise zu ändern und jahrelange unglückliche Konditionierung zu überwinden.

Seien Sie hilfsbereit und rücksichtsvoll!

Jemandem zu helfen, ist eine großartige Möglichkeit, um die eigene Stimmung zu verbessern. Mitmenschen mit Liebe und Respekt zu behandeln wirkt sich immer, ausnahmslos, auf unseren eigenen Gemütszustand aus. Wir fühlen uns besser, wenn wir andere so behandeln, wie wir selbst behandelt werden wollen. Das bedeutet nicht, dass jeder immer die Gunst zurückgeben wird, aber das ist dann das Problem des Jeweiligen und sicher nicht Ihres. Konzentrieren Sie sich auf Ihren Anteil in dieser Welt und genießen Sie die Tatsache, dass Sie sich besser fühlen, nachdem Sie etwas ganz Besonderes für jemand anderen getan haben.

Umgeben Sie sich mit Menschen, die Ihnen den Spiegel vorhalten!

Selbstliebe heißt auch, nicht in Selbstmitleid und Selbstkritik zu baden. Selbstmitleid und Selbstkritik führen nämlich immer zu innerer Rebellion und blockieren Ihren Energiefluss, während die gelebte Selbstliebe Hoffnung spendet und Ihnen maßgeblich dabei hilft, vollkommenes Vertrauen in den Veränderungsprozess zu haben. Schauen Sie also immer wieder in den Spiegel des Lebens und betrachten Sie, auch wenn es Ihnen nicht auf Anhieb gefällt, Ihre eigenen Defizite so detailliert wie möglich. Arbeiten Sie an Ihrer Persönlichkeitsentwicklung und akzeptieren Sie es nicht nur, wenn Ihnen ein Freund, ein Kollege oder ein Ihnen Unbekannter den Spiegel direkt vor das Gesicht hält, sondern schätzen Sie es. Seien Sie dankbar dafür, die Chance zu erhalten, sich zu verbessern. Mach einen Energievampir auf ein Defizit aufmerksam und er reagiert mit Wut, zeig einem Strahli, woran er arbeiten sollte und er bedankt sich mit vollem Herzen. Nur wer seine Defizite anerkennt, kann sie effektiv ausgleichen. Wenn Sie ganz ehrlich darüber nachdenken, dann ergibt es gar keinen Sinn, illusorische Gefühl der Kontrolle, bringt es Ihnen wahrlich überhaupt nichts, wenn Sie auf einen vorgehaltenen Spiegel mit zwei weiteren Spiegel reagieren. Das ist das typische Verhalten der Energievampire. Je weniger Sie das typische Verhalten von einem Energievampir haben, desto höher ist die Chance, keinen mehr anzutreffen. Sehen Sie ein, dass alles, was Ihnen im Außen passiert, einen Anteil Ihrer inneren Welt wiedergibt. Vergessen Sie die Idee, sich an irgendwelchen Fakten zu orientieren, die Sie vermutlich nicht mal selbst geprüft haben. Wir wurden in gewisse Gedankenmodelle hineingeboren und sehen vieles einfach als gegeben an, auch wenn wir es noch gar nicht selbst geprüft oder hinterfragt haben. Konfrontieren Sie sich lieber mit der Wahrheit. Die Wahrheit tut nur weh, wenn man versucht, ihr zu entkommen. Jedoch, wenn Sie dem Leben vertrauen, wissen Sie ganz genau, dass alles, was gerade passiert, exakt so passiert, wie es passieren soll, weil Sie mit Ihren Gedanken einen riesigen Teil zu der Erschaffung dieser Realität beitragen. Wenn Sie überzeugt davon sind, dass Ihnen jemand einen Spiegel fälschlicherweise vorhält und Ihnen somit ein gewisses Verhalten andichtet, dann können Sie sich zum Beispiel fragen, welche Art und Weise an Ihnen selbst für diese falsche Vermutung sorgt. Wenn Sie keine zufriedenstellende Antwort finden, der Spiegel jedoch immer wieder auftaucht, dann fragen Sie denjenigen, der Ihnen den Spiegel vorhält einfach direkt. Hören Sie sich die Antwort ganz genau an, prüfen Sie nochmal, ob etwas dran ist und verarbeiten Sie diese Antwort zu wertvoller Information, die Ihnen wieder helfen kann, ein weiteres Stück zu wachsen.

Nun eine kleine Erfahrung, die ich machen durfte: Um an Geld ranzukommen, welches ich für eine Ausbildung brauchte, nahm ich ein Jobangebot als Security an. Der Arbeitsplatz war eine riesengroße Veranstaltung im Ausland. Da ich durch eine Empfehlung zu diesem Job kam, kannte ich niemanden aus dem Team und so lernte ich meine Arbeitskollegen direkt am Flughafen eine Stunde vor Abflug kennen. Der Großteil des Teams kannte sich bereits von anderen Jobs, die sie immer wieder miteinander machten. Veranstaltungen hier, Events da usw. Es wurde viel gelacht und schnell kristallisierte sich der harte Kern der Mannschaft heraus. Die, die sich am besten kannten, taten sich zusammen und machten sich eine wilde, lustige Reise. Es wurde Alkohol getrunken, viel und laut gelacht und die Hemmungen wurden mit jeder Flugminute weniger. Im Flieger saß ich zwei Reihen hinter der Party-Crew und las ein Buch, welches mich zu dieser Zeit völlig einnahm. Zudem hatte ich Kopfhörer auf um den Druck, der beim Fliegen entsteht, auszugleichen. Ich wollte mich nicht verausgaben und all meine Kräfte für die kommende Veranstaltung, den Job, aufheben. Die anderen hatten den Spaß im Fokus, ich in erster Linie das Geld und die davon bezahlte Ausbildung. Mir ging es gut, ich fühlte mich wohl und freute mich schon auf die neue Herausforderung. Als wir im Hotel ankamen, wurden uns Zimmer zugeteilt. Ich teilte mir mit zwei weiteren Kollegen ein Zimmer. Einer davon heißt Stefan. Die ersten Dienste wurden vergeben und weil Stefan und ich bemerkt haben, dass wir ein gutes Duo sind, meldeten wir uns des Öfteren gemeinsam für bestimmte Aufgaben an. Wir passten sehr gut zusammen und glichen uns gegenseitig super aus. Wir teilten einen ähnlichen Humor, machten uns ähnliche Gedanken zu gewissen Themen, und somit wurde die extrem schweißtreibende Arbeit zu einer lustigen Herausforderung, die wir auf spielerische Art annahmen. Nach der ersten Woche gewöhnten wir uns allmählich aneinander. Wir kannten die Gewohnheiten, hatten schon langsam ein relativ klares Bild voneinander und bauten Vertrauen auf. Eines Tages hielt mir Stefan den Spiegel mitten im Dienst vor die Nase und sagte mir, dass er mich schon beim Hinflug ein bisschen beobachtet hat und der vollen Überzeugung war, dass ich ein abgehobener, völlig arroganter Arsch bin! Ich staunte nicht schlecht. Ich und arrogant? Hä? Wie jetzt? Ich empfinde mich selbst als zutraulich, zugänglich, offen und warmherzig. Prinzipiell habe ich viel Respekt für jeden und ich gebe mir stets Mühe, dass ich meinen Mitmenschen auf Augenhöhe treffe. "Ja, du hast dich von Anfang an von der Gruppe abgekapselt, warst immer ruhig und hast nur dein Buch gelesen und Musik gehört," sagte Stefan zu mir. Er erklärte mir, dass er mich aufgrund meines Verhaltens total falsch eingeschätzt hat und er es arg findet, wie ich in Wirklichkeit bin.

Trotz der guten Erklärung gab es mir zu denken. Ich habe zwar alles richtig gemacht, aber dieser Spiegel zeigte mir trotzdem etwas, was mir immer wieder vorgehalten wurde, nämlich, dass ich mich kaum einbringe und viel zu oft in die Rolle des Einzelgängers schlüpfe. In der Tat war das schon immer so in meiner Vergangenheit. Ich war schon immer schwach darin, mich in einer Gruppe aktiv einzubringen. Viel lieber habe ich meine eigenen Ideen, meine Ziele und Visionen, denen ich meine volle Aufmerksamkeit schenke. Dieser Spiegel jedoch hat mir wieder einmal mehr aufgezeigt, dass ich in Wahrheit ein Defizit in Bezug auf Teamfähigkeit habe. Bei diesem Job begann die Arbeit in Wahrheit schon beim Abflug. Zu einem guten Teamplayer gehört es ein Stück weit dazu, sich aktiv einzubringen, um schon im Vorfeld Vertrauen und Substanz aufzubauen. Immerhin arbeitete ich eine relativ lange Zeit in einem Team von dem ich während dieser Veranstaltung ein wichtiger Teil war. Ein mir völlig unbekannter Arbeitsplatz im Ausland kam noch dazu. Ich erkannte durch den vorgehaltenen Spiegel von Stefan also, dass meine gelassene

Art auch unangebracht sein kann, wenn es darum geht, Vertrauen in einem Team aufzubauen und Anschluss zu finden. Ich erhielt durch diesen Spiegel eine Information, die mich im ersten Moment total überraschte, im zweiten Moment sehr amüsierte und im dritten Moment auf ein Defizit aufmerksam machte, das ich im Vorfeld niemals als solches betrachtet hätte. Der dritte Moment ereignete sich übrigens zirka drei Monate nach Ende dieser Veranstaltung. Die Erkenntnis aus dem vorgehaltenen Spiegel war also wie ein Samen, der in mir gesetzt wurde und mit der Zeit reifte. Oft braucht es einfach nur Zeit, damit Sie einen vorgehaltenen Spiegel richtig interpretieren können. Haben Sie nicht nur Geduld, sondern allen voran Spaß dabei! Stefan und ich sind heute sehr gute Freunde und ich bin ihm sehr dankbar für seinen Spiegel in Form von Ehrlichkeit.

Verstehen Sie den Unterschied zwischen Wahrheit und Meinung!

Meinungen gibt es wie Sterne in unserer Galaxie. Sie basieren meistens auf persönlichen Erfahrungen aus der Vergangenheit und haben mit der Wahrheit vorerst eher wenig zu tun. Meinungen streifen die Wahrheit maximal, wenn man so möchte. Meinungen können auch schlicht von den Eltern übernommen worden sein. Dabei gilt es besonders, die Tatsache zu betrachten, dass Einige unwissend, ohne zu hinterfragen, nachplappern in der Überzeugung, gerade die eigene Meinung herauszuposaunen und selbstsicher zu vertreten. Sie kennen bestimmt wirre Aussagen wie "Naja, das ist eben meine persönliche Meinung und die kann mir niemand nehmen.", oft gepaart mit bockiger Tonlage und entsprechender Gesichtsakrobatik. Ob es sich dabei um politische Ansichten handelt, welche einem zusätzlich die Tageszeitung beibringt, oder um Standardthemen wie Beziehungen, Arbeit, Kinder, Sex, Essen, Sport und so weiter, immer ist irgendjemand von irgendetwas überzeugt und hält seine Meinung für „normal" und "wahr". Würden sich mehrere Menschen zu Herzen nehmen, einen Glaubenssatz mit "Ich empfinde es so ...." zu beginnen, wäre die Welt ein großes Stück ärmer an Energievampiren. Stattdessen beginnen Sätze häufig eiskalt mit „Nein, also ich würde niemals…", abgerundet mit einem stumpfen „das ist so", und die Sache ist gelaufen. Wie bereits erwähnt, ist es für Sie essentiell zu verstehen, dass Energievampire auf dieser Ebene nicht wissen, was sie tun. Sie haben es nicht gelernt, zu hinterfragen. Die Kraft der eigenen Überzeugung eines sturen Energievampirs kann so stark sein, dass jeder Versuch, ihn zum Nachdenken anzuregen bzw. ihn in eine andere Position einzuladen, um einen anderen Blickwinkel zu erhaschen, rigoros scheitert. Ich gehe davon aus, dass Sie schon jede Menge an Energie verschwendet haben, indem Sie in Gesprächen mit solchen „Ja-Aber-Energievampiren" diskutierten. Jeder von uns hat schon mal gegen die ein oder andere menschliche Wand geredet und ist daran fast verzweifelt. Es ist immer das Gleiche und deswegen müssen Sie verstehen, dass Meinungen eben nicht mehr als Meinungen sind. Auf der Suche nach wahrhaftiger Substanz werden Sie in einem riesigen Becken statt mit Wasser mit leeren Worthülsen gefüllt, kaum fündig. Vergessen Sie das endlich und behalten Sie sich Ihre Energie lieber. Wenn Sie begreifen, dass ein Energievampir Meinungen braucht, um seine treibende Angst zu kompensieren, fällt es Ihnen viel leichter darüber zu stehen. Akzeptieren Sie, dass ein Energievampir auf dieser Ebene immer Meinungen braucht, um sich ein illusorisches Weltbild zu basteln, welches ihn scheinbar festigt. Stellen Sie sich vor, es kommt jemand im Schwimmbad zu Ihnen, zeigt mit dem Finger auf Ihren Waschbrettbauch und sagt: "Wann nimmst du eigentlich ab? Du bist eindeutig zu fett." Das wird Sie emotional kaum berühren, da es einfach nicht der Wahrheit entspricht und eindeutig falsch ist. Es ist eben nur eine Meinung, wenn überhaupt. Genau deswegen werden Sie sich vorrangig Gedanken darüber machen, wieso dieser Energievampir so eine Aussage entgegen der offensichtlichen Wahrheit überhaupt tätigt. Diese Frage ist nicht nur interessanter, sondern viel lukrativer für Sie. Exakt hier sind Sie richtig. Dieser Gedankengang muss gespeichert werden! Fragen Sie sich also, warum der Energievampir diese Frage stellt, schlussfolgern Sie, dass dies aus reiner Angst passiert und wissen Sie, dass Sie aus einer darüberstehenden Haltung heraus nicht nur profitieren und Ihre Energie behalten, sondern auch gleichzeitig direkte Hilfe leisten. Sie helfen dem Energievampir, indem Sie wieder einmal mehr nicht die erwartete Reaktion liefern und ihn damit zum Nachdenken zwingen. Allem Anschein nach machen Sie gerade den Eindruck einer perfekten Angst-Projektionsfläche für den furchterfüllten Energievampir. Sehen Sie das locker und gehen Sie sogar spielerisch damit um, indem Sie humorvoll sowas wie "Gut, dass du mich erinnerst, ab morgen beginne ich endlich mit der gesunden Ernährung und dem Sport" antworten. Damit bringen Sie den Energievampir ins Grübeln, sodass er gar nicht anders kann, als seine eigene Frage zu überdenken und im besten Fall sogar zu hinterfragen. Würde die anfängliche Frage auf Tatsachen beruhen, wäre sie zumindest berechtigt. In diesem plumpen Beispiel ist es jedoch zweifelsfrei nur eine Meinung und kommt der Wahrheit nicht einmal in die Nähe. Also wissen Sie, dass Meinungen in Form von Fragen sehr oft aus purer Angst gestellt werden, um ein illusorisches Gefühl von Kontrolle zu nähren. Stehen Sie darüber und leisten Sie zeitgleich Hilfe!

Schuldgefühle loslassen

Kennen Sie das Gefühl von tiefsitzender Schuld? Rauben Ihnen Schuldgefühle Ihre Energie? Haben Sie einen Menschen verletzt, der es eigentlich gar nicht verdient hat? Haben Sie sich in der Vergangenheit selbst verletzt? Waren Sie mal ein Mensch, den Sie heute selbst unsympathisch finden würden? Fühlen Sie sich schuldig, weil Sie etwas nicht getan haben? Von diesen sechs Fragen, werden Sie mindestens eine bejahen. Wenn es sechs Ja's sind, ist es auch nicht verwunderlich. Schließlich wird uns Schuld antrainiert. Es gehört für uns schlicht zum Alltag, sich schuldig zu fühlen. Fühlen wir uns beim Gedanken an eine vergangene Lebensphase schuldig, ist dies zusätzlich oftmals mit Scham verbunden. Wir schämen uns für frühere Lebenseinstellungen, Sicht- und -Verhaltensweisen. Das kann bis zur Selbstverachtung führen. Wenn Sie ehrlich sind, wissen Sie um die blockierende Eigenschaft Ihrer Schuldgefühle. Wenn Sie ein Blatt Papier nehmen und darauf all die tollen Vorteile Ihrer Schuldgefühle schreiben würden, wäre das Blatt ziemlich leer. Was Sie getan haben, haben Sie getan, Sie können es nicht mehr rückgängig machen. Sich ständig nur mit der Vergangenheit den Kopf zu zerbrechen, zerbricht Ihnen nur den Kopf. Klingt logisch, nicht wahr? Ewige Schuld mit Ihrem Reisegepäck herumzutragen, lässt Sie langsamer reisen. Sie konzentrieren sich mehr auf den schweren Gepäcksinhalt als auf die Reise selbst. Wenn Sie sich nicht selbst vergeben, kann es passieren, dass Sie Ihre Schuld unbewusst zu kompensieren versuchen. Vielleicht laufen Sie als devoter

Echoist (das ungesunde Gegenteil eines Narzissten) durch die Welt, der den Fokus im ungesunden Maße darauf legt, anderen zu helfen. Unterwürfig entwickeln Sie vielleicht ein übertriebenes Helfersyndrom, mit dem Sie versuchen, Ihre Schuldgefühle auszugleichen.

Tun Sie Gutes, aber tun Sie es aus Überzeugung. Tun Sie es aus Liebe und nicht nur, um einen Teil Ihrer Vergangenheit zu verschleiern. Wenn Sie sich für Vergangenes schämen, blockieren Sie sich selbst. Schuldgefühle machen Sie kleiner, als Sie sind. Sie trauen sich weniger zu, als Sie können. Stehen Sie zu Ihren Fehlern. Haben Sie keine Angst, sich Fehler einzugestehen, sonst entwickelt sich daraus die Furcht vor Entscheidungen. Wenn Sie sich Fehler aus der Vergangenheit nicht vergeben, haben Sie ständig Angst, sich erneut falsch zu entscheiden. Akzeptieren Sie Fehler aus der Vergangenheit und lernen Sie daraus. Es mag hart klingen, doch der, der durch Ihr Verhalten enttäuscht wurde, erhielt damit die Chance, einen Blick hinter die Kulissen zu werfen. Nur ein Getäuschter kann enttäuscht werden. Nur da, wo Täuschung stattfindet, kann Enttäuschung passieren. Fehler können sich sowohl für den Verantwortlichen als auch für den Enttäuschten sehr schmerzhaft anfühlen. Aber im Nachhinein entpuppt sich der Fehler als wichtige Erfahrung, die einem im weiteren Leben unterstützt oder vor gewissen Situationen bewahrt.
Was auch immer Sie getan, oder nicht getan haben, vergeben Sie sich selbst. Merken Sie sich den Fehler und legen Sie ihn in Ihre Erfahrungs-Schatzkiste. Sich selbst Fehler einzugestehen, erfordert einen standfesten Charakter. Wenn Sie sich schuldig fühlen, weil Sie einen bestimmten Menschen weh getan haben, suchen Sie das Gespräch und

bitten Sie aufrichtig um Verzeihung. Mehr können Sie kaum tun. Was Sie mit Sicherheit machen können, ist, den Fehler nicht bewusst zu wiederholen. Beim ersten Mal wussten Sie es vielleicht nicht besser. Beim zweiten Mal werden Sie sich jedoch höchstwahrscheinlich erinnern, wenn Sie in eine Situation geraten, in der es zur Wahl steht, den Fehler zu wiederholen. Sich zu entschuldigen hat wenig Wert, wenn der Fehler andauernd wiederholt wird. Vermeiden Sie den Fehler einfach. Die Vergebung als Werkzeug zur Verherrlichung zu verwenden, zieht Sie nur noch mehr auf eine niedrige Schwingungsfrequenz. Je tiefer Sie tauchen, desto weniger Luft nach oben. Selbstvergebung als Ausrede für ungesundes Verhalten zu verwenden, macht es Ihnen unmöglich hoch genug, Ihrem wahren Selbst entsprechend, zu schwingen. Wiederholen Sie Ihre Fehler nicht absichtlich. Wer seine alten Fehler immer wiederholt, nimmt neuen Fehlern den Platz weg. Fehler sind da, damit wir daraus lernen. Fehler können Helfer sein. Es müssen nur die Buchstaben ein wenig verschoben werden.

Ihr Bus, Ihre Gäste.

Sie haben das Recht darauf, Energievampire zu meiden. Dieses Recht kann Ihnen nicht genommen werden. Ja, auch eine seit Kindheitstagen gegebene Freundschaft, oder sonstige Beziehung darf beendet werden, wenn Sie einem zu viel Energie abzapft. Energievampire meiden - Glücklich bleiben. Wenn sich zwei Menschen unterschiedlich weiterentwickeln, ist es nicht verwerflich, sich dessen bewusst zu werden. Genau das Gegenteil ist der Fall. Die Beobachtung zur Erkenntnis zu machen, beweist Selbstreflexion. Viele fühlen sich schon schuldig, wenn Sie nur daran denken, jemanden nicht mehr treffen zu wollen, den Sie schon seit vielen Jahren kennen. Sie denken, alleine der Gedanke wäre unmoralisch, unethisch. Er gleiche einer Sünde! Es kommt die Frage “Habe ich die Erlaubnis, überhaupt daran zu denken, diesen Menschen nicht mehr regelmäßig zu treffen?“ auf. Ich beobachte derartige Gedankengänge vermehrt bei Menschen im Alter zwischen 23 und 30 Jahren. Beim Betrachten der Lebensweise, der allgemeinen Haltung und der Glaubenssätze einiger Menschen kommt einem oft der Gedanke, dass man mit diesem Menschen nur noch Kontakt hat, weil man sich so lange kennt. Bis auf den weit zurückliegenden Zeitpunkt des Beginns der Freundschaft verbindet einen nichts wirklich. Zeitweise hat man mit Menschen, die man erst kürzlich kennengelernt hat, viel mehr Gemeinsamkeiten als mit dem langjährigen Wegbegleiter. Die Interessen können im Laufe der Zeit so stark voneinander abweichen, dass man gar nicht mehr weiß, worüber man beim nächsten Treffen sprechen soll. Es wird inhaltsloser Smalltalk geführt. Im Wissen darüber, dass Sie die Zeit in Wirklichkeit anders nutzen möchten, lassen Sie sich auf ein kräftezehrendes Treffen ein, bei dem Sie wie immer nur über die Arbeit, die Vergangenheit, oder den anstehenden Urlaub quatschen. Im schlimmeren Fall lassen Sie sogar das oberflächliche Gejammer über Arbeitskollegen oder Freunde, die Sie nicht mal kennen, über sich ergehen. Mit jeder Minute schwindet Ihre Energie, und in Wahrheit wünschen Sie sich nichts mehr, als einfach nicht hier zu sein. Diesen Wunsch können Sie sich erfüllen. Lassen Sie los. Ist nicht so einfach, werden Sie erwidern. Doch ist es. Es ist nur die antrainierte Schuld, die Ihnen ins Ohr flüstert. Legen Sie die Schuld ab. Überlegen Sie nicht, ob Sie das Recht haben, einen

Energievampir zu meiden. Überlegen Sie, ob es wirklich Ihre Pflicht ist, es zuzulassen, dass Ihnen Ihre Energie geraubt wird. Sie dürfen einen Cut machen, einen Lebensabschnitt als solchen erkennen. Das Leben ist wie eine Busfahrt. Sie sind der Fahrer und es gibt Gäste, die Sie die ganze Fahrt über begleiten, Gäste, die lange mitfahren und Gäste, die nach ein paar Stationen wieder aussteigen. Sie sind nicht verpflichtet, jeden einsteigen zu lassen und Sie dürfen zu jeder Zeit entscheiden, dass jemand aussteigen soll. Schuld ist unangebracht und kontraproduktiv. Ihr Bus, Ihre Gäste.

Weiterentwicklung

Energievampire haben panische Angst vor Veränderungen. Veränderungen läuten Neues, Unbekanntes ein. Wenn Sie sich als Individuum weiterentwickeln, bedeutet das für den Energievampir Kontrollverlust. Der Klassiker ist, wenn Sie sich als Erwachsener für einen bewussten, gesunden, friedvollen, würdevollen Lebensstil entschieden haben und dieser nicht wertgeschätzt wird. Mit höhnischem Grinsen und abwertender Tonlage werden Sprüche wie “Du hast dich voll verändert.“, geklopft. Übersetzt heißt der so viel, wie “Ich will, dass du genau so wie früher bist, damit ich die Kontrolle behalte.“ Ich habe den Satz zwar lange nicht mehr gesagt bekommen, aber ich entgegnete ihm immer mit zuckenden Schultern und dazugehörigem “Ich wünschte, ich könnte dasselbe von dir behaupten“ im bemitleidenden Ton. Solche Menschen versuchen, Ihnen Ihre Weiterentwicklung abzusprechen. Sie wollen sie einfach nicht anerkennen, weil sie sich dadurch eingestehen müssten, in der Vergangenheit stecken geblieben zu sein. Sie wollen lieber in der

Vergangenheit leben, ohne zu erwähnen, dass sie in der Vergangenheit leben. Schlimmer noch, sie belügen sich selbst und tun so, als ob sie sich gar nicht mehr von alten Verhaltensmustern aufhalten lassen. Das sind oft Menschen, die mit allen Mitteln versuchen, Sie wieder in die Vergangenheit zu holen. Das können alte Witze sein, über die Sie damals zusammen gelacht haben. Was ja ganz schön wäre, wenn die Absicht dahinter eine andere wäre. Es können Fragen wie “Kannst du dich noch an dies und jenes erinnern?“ wieder und wieder gestellt werden, in der Hoffnung, Sie damit in die Vergangenheit zu versetzen. Energievampire tarnen Ihre Taktiken oft als Humor und rufen Sie zum Beispiel neckisch mit Ihrem alten Spitznamen, den Sie längst abgelegt haben, weil Sie sich weiterentwickeln wollen. Ein derartiger Energievampir ist skrupellos. Ohne Bedenken stellt er seine Kontrollsucht über Ihren Gemütszustand. Er nimmt Ihnen so viel Energie wie möglich. Wenn überhaupt hört er erst dann auf, Ihnen Energie zu rauben, wenn Sie sich mental in der Vergangenheit aufhalten und Ihre Weiterentwicklung somit zugeschaufelt wird. Darum legen Sie die Schuld bei solchen Energievampiren komplett ab. Sie dürfen sich abwenden. Sie dürfen nach vorne schauen. Egal, wie lange Sie sich bereits kennen. Auch wenn der langjährige Wegbegleiter das nicht versteht. Das muss er gar nicht. Wichtig ist nur, dass Sie nicht mehr ausschließlich als schweigende Energie-Tankstelle dienen. Sie haben das Recht, Dinge aufzulösen, wenn die Zeit dafür gekommen ist.

Statt Nein's ab sofort Ja's sammeln!

Ohne Sie persönlich zu kennen, behaupte ich, dass Sie sich bei bestimmten Menschen unwohl fühlen, wenn Sie von einem Ihrer Vorhaben, von einem Ihrer Pläne für die Zukunft erzählen. Zumindest überlegen Sie bei bestimmten Menschen lieber dreimal, ob Sie bei der nächsten Gelegenheit davon erzählen werden oder nicht. Schließlich sorgen Ihre eigene Freude und Ihre Motivation dann meistens doch dafür, dass Sie Ihr Vorhaben mit voller Begeisterung schildern. Mit Glanz in den Augen und voller Energie stoßen Sie jedoch auf matte Gesichter, herabgezogene Mundwinkel und blanken Pessimismus. Ihre Ideen werden vom ersten Satz an oberflächlich angehört, und schon während Sie voller Elan erzählen, überlegt sich Ihr Gegenüber Argumente, die gegen Ihr Vorhaben sprechen. Um eine Idee erfolgreich in die Tat umzusetzen, kann Feedback in Form von kritischen Fragen sehr hilfreich und zielführend sein. Bei einem Energievampir dieser Art jedoch geht es einzig und allein um Neid. Es ist häufig purer Neid, der den Energievampir dazu bringt, sich intensiv Gedanken darüber zu machen, warum Ihre Idee, Ihr Plan, Ihr Vorhaben absolut unmöglich ist. Sie kennen die typischen Standard-Aussagen vermutlich. "Wenn das so leicht wäre, dann würde das ja jeder machen" oder "Geh bitte, das passt überhaupt nicht zu dir also lass das", oder "Ich kenne jemanden, der hat das auch probiert und daher weiß ich, dass du das gleich wieder vergessen kannst" oder oft von den Eltern "Behalte deinen Arbeitsplatz. Auch wenn er dir überhaupt keinen Spaß macht, wenigstens ist er sicher.“ Die meisten Menschen können mit großen Plänen nicht umgehen. In ihnen schrillen die Alarmglocken, wenn sie von einer Idee hören, die vom Durchschnitt stärker abweicht. Für Energievampire klingt es logisch. Wenn sie nicht im Stande sind, etwas Bestimmtes zu schaffen, schaffen Sie es auch nicht. So kurz und plump ist die Gedankenkette in etwa. Ich verspreche Ihnen, dass genau diejenigen, die Ihnen im Vorhinein alles absprechen, später genau diejenigen sein werden, die mit Stolz erzählen, Sie persönlich zu kennen. Energievampire werden zu Bewunderern. Zuerst lachen Sie, dann kopieren sie. Kaum etwas kann anstrengender sein, als ein nahestehender Energievampir, den man eigentlich gerne hat. Zu oft erwarten wir eine Reaktion von unserem Gegenüber, die unserer Euphorie, beim Gedanken an unsere Ideen, gleicht. Wenn diese euphorischen Reaktionen nicht eintreten, macht sich Demotivation breit, und obwohl Sie im Vorhinein schon leicht ahnten, dass Sie auf taube Ohren bzw. auf einen pessimistischen Energievampir stoßen werden, haben Sie hoffnungsvoll, aber naiv gehandelt und ein paar ungesunde “Nein's“ eingeheimst. Selbst wenn Sie versuchen, die “Nein's“ auszublenden, schlummern sie irgendwo im Unterbewusstsein und schon entfernt sich Ihre Idee von der wertvollen Vision Stück für Stück. Je mehr “Nein's“ Sie sammeln, desto unwahrscheinlicher werden Sie Ihre Idee reibungsfrei umsetzen. Klarerweise handelt es sich bei diesen Energievampiren einmal mehr gerade um die Menschen, die wir am liebsten haben. Oft sind es leider die Eltern, die Geschwister, die besten Freunde oder liebgewonnene Arbeitskollegen, denen es ganz wichtig ist, dass Sie nichts, vom Durchschnitt stark abweichendes, anstreben. Das ist im wahrsten Sinne schade. Die Motive können verschieden sein. Eltern wollen oft nur das Beste für Ihre Kinder und daher versuchen sie, Ihnen alles abzusprechen, in dem sie keine Sicherheit erkennen. Das typische Beispiel dafür ist die berufliche Selbstständigkeit. Kein fixes Einkommen, keine Sicherheit, ergo keine gute Idee. Sie könnten noch so gute Argumente hervorbringen. Kein fixes Einkommen bedeutet keine Sicherheit und somit erfassen die Eltern Ihre Idee als kindisches Hirngespinst. Ein Arbeitskollege wird vielleicht von blankem Neid getrieben. Schließlich würde Ihr Erfolg vermeintlich bedeuten, dass er minderwertig sei und daher spricht er Ihnen Ihr Talent schnell ab, bevor er anerkennen muss, dass Sie den nötigen Antrieb haben, um es aus dem monotonen Hamsterrad zu schaffen. Merken Sie was passiert, wenn Sie "Nein's" sammeln? Ganz gleich mit welcher Haltung Sie in so ein Gespräch gehen, Sie werden es mit hoher Wahrscheinlichkeit, ob Sie wollen oder nicht, angeknackst verlassen. Es gibt mit Sicherheit einige Menschen, die durch solche Gespräche eher angespornt werden. Solche Menschen geben sich doppelt so viel Mühe, um das Ziel zu erreichen, um es den Energievampiren schließlich zu beweisen. Wie im Punkt "Erkenne den Nutzen und sei anders" beschrieben, ist auch das zweifelsfrei möglich. Seine Energie zu behalten, kann aber auch einfacher bzw. defensiver funktionieren. Entscheiden Sie sich bewusst, Ihre Energie zu bewahren, indem Sie Ihre Idee, Ihr Vorhaben für sich behalten und für eine gewisse Zeit lang schweigen. Weniger ist hierbei tatsächlich mehr. Arbeiten Sie still und diszipliniert an der Umsetzung Ihrer Idee und lassen Sie die Bombe erst dann platzen, wenn Sie Ihrem Ziel so nahe sind, dass selbst der pessimistischste Energievampir im gesamten Universum keinen Einfluss mehr auf die endgültige

Zielerreichung haben könnte. Ich persönlich erzähle bestimmten Menschen in meinem Umfeld erst von einer Idee, wenn ich sie bereits zu mindestens 60% umgesetzt habe. Diese Taktik habe ich mir in den letzten Jahren vehement angeeignet und ich profitiere jedes Mal enorm davon. Beim Beginn dieser Anwendung können Schuldgefühle auftreten, die einem einreden wollen, dass es unfair wäre, diesen oder jenen Menschen nicht von Anfang an einzuweihen, aber diese sollten Sie strikt ignorieren. Immerhin zögern Energievampire in diesem Fall keine Sekunde lang, wenn es darum geht, Ihnen nichts zuzutrauen oder Ihnen schlicht nichts zu gönnen. Hören Sie also auf, im Vorfeld "Nein's" zu sammeln. Arbeiten Sie stattdessen intensiv an der Verwirklichung Ihrer Vision und schöpfen Sie aus der Kraft der Ruhe! Machen Sie Ihre Vision vorerst zu Ihrem eigenen Geheimnis, das so wertvoll ist, dass Sie es erst dann teilen möchten, wenn Sie in Ihrer Umsetzung bereits eine gewisse Prozentzahl, welche Sie selbst festlegen, erreicht haben. Unzählige Beispiele könnte ich Ihnen erzählen, in denen ich durch das Sammeln von "Nein's" noch vor Antritt meines Weges zum Scheitern verurteilt wurde. Etliche Male mussten mich pessimistische Worthülsen demotivieren und verunsichern, bis ich die wertvolle Kraft des Schweigens endlich begriffen und erfolgreich angewandt habe. Ginge ich heute noch immer mit meinen Vorhaben hausieren, dann hätte ich dieses Buch vermutlich niemals zu Ende geschrieben, geschweige denn, überhaupt angefangen, es zu schreiben. Nachdem ich ziemlich genau 60% des Buches geschrieben hatte, verkündete ich meine Idee selbstsicher im engeren Bekanntenkreis. Da mein Ziel schon so gut wie erreicht war, bekam ich auch von dem ein oder anderen Energievampir neugierige Meldungen zu hören. Um diese 60% zu erreichen, erzählte ich meine Idee ausschließlich Menschen, von denen ich weiß, dass Sie selbst visionär denken. Menschen, die über Ideen diskutieren und offen für Neues sind. Freunde, Bekannte und Kollegen, die einen ähnlichen Antrieb haben wie ich, und einem grundsätzlich alles wohlwollend gönnen. Es ist wichtig, sich mit Menschen zu umgeben, die den gewissen Blick für große Gedanken, große Ziele haben. In Gesprächen mit positiv denkenden Menschen, die mit ihren Denkanstößen zu Verfügung stehen, entsteht der nötige Drive, der Sie in die richtige Schwingungsfrequenz bringt. Dieser Drive sorgt dafür, dass Sie kontinuierlich an einer Sache dranbleiben. Er ist wie ein fahrender Zug, der Sie sicher, ohne kraftraubende Zwischenstopps, von A nach B bringt. Weihen Sie Menschen ein, die Ihnen wertvolle Innovation und Energie spenden bzw. Ihre Energie durch antreibende Gespräche aktivieren. Sie können sich mit negativen Menschen umgeben und Positives erwarten, Ihre Erwartung wird jedoch mit sehr hoher Wahrscheinlichkeit nicht ansatzweise eintreffen. Treten Sie stattdessen mit Strahlis in Kontakt und verstehen Sie jedes Treffen als Win-Win-Situation. Nicht zuletzt profitieren wir alle voneinander und lernen durch Gedankenaustausch immer wieder Dinge, die wir bei unseren eigenen Plänen gut anwenden können. Umgeben Sie sich mit Menschen, die auf derselben Mission sind wie Sie. Mit anderen Worten: Werden Sie ein "Ja-Sammler".

Der Fernseher als einer der mächtigsten Energievampire überhaupt

Im Jahr 2013 habe ich aufgehört, in den Fernseher zu starren. Eine der besten Entscheidungen, die ich jemals in meinem bisherigen Leben getroffen habe. Dieser Entschluss war in gewisser Weise die Initialzündung für den schwunghaften Beginn meiner Bewusstwerdung und den daraus resultierenden Energieschub, der bis heute anhält und nicht abklingt. Auf die pulsierende Entschlossenheit, die ich damals verspürte, blicke ich heute sieghaft, mit leicht angehobenem Kinn zurück. Es gibt kaum etwas, das uns mehr Kraft nimmt als ein Fernseher. Daher heißt er bei mir nicht Fernseher, sondern Energiefresser. Exakt das tut er, er frisst unsere Energie förmlich auf! Genau genommen ist es das geisttötende TV-Programm, welches in der Lage ist, uns energetisch dermaßen auszulaugen, dass wir uns wie kraftlose Zombies fühlen. Irgendwelche HD-Dokumentationen, die mit höchstem Aufwand produziert wurden und uns im Nachhinein das Gefühl geben, ausreichend aufgeklärt zu sein, Nachrichten, die uns Angst und Panik machen und uns gegenseitig aufhetzen, volksverblödende Wettbewerbssendungen, in denen die Kandidaten ihre Würde verlieren, ausgebeutet und verspottet werden. Kurz nebenher erwähnt, sind Tageszeitungen, oder Nachrichten aus dem Radio um keinen Tick besser. Ich gehe hier jedoch intensiver auf den Fernseher ein. Die Zeiten, in denen ich meinen Kopf mit all diesem Schwachsinn gefüttert habe, waren jene, in denen ich mir die wirklich wichtigen Fragen im Leben am wenigsten stellte. Woher komme ich? Wer bin ich? Warum bin ich hier? Wo soll ich hin? Für mich war es das Normalste auf der Welt, mit meinen Freunden zu Hause auf der Couch zu sitzen, um stundenlang Playstation zu spielen. Weil es so viel Spaß bereitete, hat es sich in jeder Weise richtig angefühlt. Dass ich in Wirklichkeit Zeit vergeude und mir das Konsumieren all dieser lächerlichen Produktionen meine Lebensenergie regelrecht zerfressen hat, war mir als Jugendlicher nicht im Geringsten klar. Wie auch? Immerhin war Fernsehen normal. Das macht man eben so. Man hinterfragt es nicht, man tut es. In meiner Schulzeit kam ich mir oftmals noch blöd vor, wenn sich zwei Schulkollegen über einen Film, den sie gesehen haben, austauschten. In 90% der Fälle konnte ich nicht mitreden, weil ich den Film einfach nicht gesehen habe. Ich war schon als Kind viel mehr draußen unterwegs. Wahrscheinlich, weil mich zuhause kaum etwas gehalten hat. Im Nachhinein betrachtet ein riesiger Vorteil, der mich vor sehr vielen vorgegebenen Verhaltens- und Denkmustern bewahrt hat. Als junger Erwachsener schaute ich dann immer mehr fern. In Relation zu der Menge, die ein durchschnittlicher Mensch im jungen Erwachsenenalter da bereits intus hatte, war mein Umfang noch immer lächerlich. Fernsehen gehörte dann trotzdem zum Alltag und oft lief der Fernseher sogar nebenbei, obwohl ich gar nicht direkt zusah. Immerhin hat es ausgereicht, dass fernsehen an sich etwas völlig Normales für mich war. Ich kann mich noch gut erinnern, wie ich mich fühlte, als ich in einem Vortrag über Meditation erfuhr, dass das Fernsehen generell schädlich für uns ist. Ich habe es nicht verstanden. Ich wusste im ersten Moment (und dieser hielt ein paar Tage an) nicht, was der Vortragende damit kommunizieren möchte. Sicher, akustisch habe ich das Gesagte absolut verstanden, aber die Aussage, dass Fernsehen nicht gut für unseren Geist ist, klang für mich wie eine Fremdsprache, die ich nicht beherrschte. Ich habe also weiterhin in den Energiefresser gestarrt. Was sich dann aber entwickelte, kam völlig unerwartet. Nachdem ich mir einige Vorträge, Gespräche und Interviews über alle möglichen Themen im Bereich der Spiritualität angeschaut habe, ich einige Meditationen durchgeführt habe, ein paar Bücher gelesen habe und mich deutlich bewusster ernährt habe, sank das Verlangen nach dem Fernsehen enorm. Mit jeder Stunde, die ich weniger vor dem Fernseher verbrachte, machten sich in mir Unmengen an Energien bemerkbar. Im Laufe der Zeit spürte ich viel mehr Energie im Sport, mehr Energie beim Verarbeiten von wichtigen Informationen, mehr Energie beim Sex, mehr Energie beim Anpacken von lang geplanten Zielen und deutlich mehr Energie in Diskussionen. Falls Ihnen diese Schilderung übertrieben vorkommt, lassen Sie sich sagen, dass ich sogar weit untertreibe. Das Interessante ist, dass mit der Steigerung Ihres Bewusstseins das Verlangen nach dem Fernsehen synchron sinkt. Je bewusster Sie werden, desto weniger Prestige hat die Verführungskunst des Fernsehers. Er verliert immer mehr an Relevanz und Ihr Bezug zum allgemeinen Fernsehen verhält sich schön langsam, wie das Verlangen nach einer Speise, die Ihnen gar nicht schmeckt. Sie werden den Fernseher nicht mehr brauchen. Sie werden Ihn ab einer gewissen Bewusstseinsstufe keinen einzigen Millimeter vermissen. Das absolute Gegenteil wird eintreten und es wird Sie in vielen Lebensfeldern bereichern. Sie werden viel klarer denken und frei von künstlich aufgezwungenen Ängsten über den Boden dieser Welt laufen! Fremde, giftige Meinungsmacher erreichen Sie nicht mehr so einfach. Sie werden nicht mehr nach 100 Dingen streben, die Sie laut Angaben irgendwelcher unterschwelligen Werbeclips unbedingt brauchen, um glücklich und beliebt zu sein. Der rosigste Bonus, durch den Verzicht auf das Fernsehen, ist meiner Meinung nach eindeutig die Zeit. Neben der Fülle an wertvoller Energie raubt Ihnen der Fernseher auch Ihre Lebenszeit nicht mehr. Sie werden die Zeit nutzen, weil Ihr Kopf frei und bereit sein wird. Was auch immer Sie statt dem Fernsehen tun, ob Sie ein Buch lesen, einen Spaziergang machen, Sport betreiben, Freunde treffen, Sex haben, kochen oder einfach mal nichts machen. Das ist alles besser, als Ihre Aufmerksamkeit irgendeinem hirnschrumpfenden Fußballspiel, präsentiert von Ihrem Energiefresser, zu widmen. Nachdem Sie sozusagen die Kinderwelt verlassen haben und sich dadurch wieder einen kolossalen Energie-Batzen zurückgeholt haben, werden Sie immer höher schwingen. Dementsprechend wird sich Ihr mitmenschliches Umfeld Stück für Stück erneuern, beziehungsweise erweitern. Irgendwann werfen Sie einen unbeirrten Blick in die jeweiligen Wohnzimmer der Menschen, die Sie dann umgeben, und bemerken, dass kaum noch jemand einen Fernseher besitzt. Selbst wenn, wird der in den allermeisten Fällen gar nicht mehr aufgedreht. Sie können also jede Menge an Energie und Zeit sparen, indem Sie sich von dem geisttötenden Fernseher verabschieden. Füttern Sie Ihren Kopf lieber mit schönen Bildern.

Identifizierung loslassen

Eine Zeit lang habe ich mein Geld in der Immobilienbranche verdient. In diesen knapp zwei Jahren war mir ein Fakt zu jedem Zeitpunkt klar: Ich bin kein Immobilienmakler. Wenn ich gefragt wurde, was ich beruflich mache, habe ich gesagt, dass ich als Immobilienmakler arbeite. Niemals habe ich gesagt, dass ich Immobilienmakler bin. Damit hätte ich mich selbst belogen. Viele Menschen identifizieren sich stark mit Ihrer beruflichen Tätigkeit und vergessen dabei Ihr wahres Wesen. Das unabhängige Sein wird missachtet. Wir sind nicht, was wir arbeiten. Wir sind, was wir schon davor waren. Warum ist das so wichtig? Mir fällt auf, wie massiv die stumpfe Identifikation mit einem Berufsbild in unseren Lebensenergie-Haushalt eingreift. Das passiert perfide, lautlos und unbemerkt. Jemand, der echt davon überzeugt ist, von Natur aus das zu sein, was er beruflich macht, läuft Gefahr, sich von seiner wahren, urnatürlichen Wesenheit zu entfernen. Je mehr Identifikation mit künstlichen Rollen im Außen, desto weniger Aufmerksamkeit wird dem Inneren gewidmet. Die wichtigen Fragen geraten in den Hintergrund. Wer sind wir? Wo kommen wir her? Was tun wir hier? Wo sind wir? Wohin gehen wir? Durch das ständige verweilen im Außen entsteht innere Leere. Der Hilferuf "Wer bin ich?", wird immer lauter, aber er klingt für Raus-Schauer nicht verständlich genug und die Herkunft wird nicht eruiert. Nicht als Immobilienmakler zur Welt gekommen zu sein, wird vergessen. Ein Polizist trägt seine Uniform und glaubt er sei ein Polizist. In Wahrheit arbeitet er nur als solcher. Pauschalisieren funktioniert auch hier nicht. Ich bin davon überzeugt, dass es Polizisten etc.

gibt, die sehr wohl wissen, dass sie beruflich in eine Rolle schlüpfen. Genauso gibt es Immobilienmakler, die ganz genau wissen, dass Sie nicht der Anzug sind, den Sie tragen. Es gibt auch geerdete Immobilienmakler, die genau wissen, dass ihr menschlicher Wert nicht von der erfolgreichen Vermittlung einer Liegenschaft abhängig ist. Niemand von uns kommt als Koch, Frisör, Verkäufer oder Mechaniker auf diese Welt. Jeder von uns kommt als Mensch auf diese Welt. Weist jemand das Potential zu verkaufen auf, wird er es beruflich gut einbringen können. Entwickelt jemand die Liebe zum Kochen, wird er damit vielleicht Geld verdienen. Entfacht das Fotografieren in einem das Feuer der Leidenschaft, so kann das ein guter Indikator für eine berufliche Richtung sein. Steht vor uns eine Reihe 100 nackter Menschen, sind wir nicht in der Lage, auf Anhieb zu erkennen, welchen Beruf sie ausüben. Die 100-prozentige Identifikation mit der beruflichen Rolle ist eine Sackgasse. Eine zähe Sackgasse, die sich für trödelige Raus-Schauer oft sehr spät als Sackgasse zu erkennen gibt. Fragen Sie sich, ob Sie diesen Beruf auch dann ausüben würden, wenn Sie niemandem davon erzählen könnten. Stellen Sie sich kurz vor, dass bei jedem Versuch, jemanden davon zu erzählen, einfach kein Wort aus Ihrem Mund kommt.

Meiner Vermutung zufolge würde ein großer Teil unserer Mitmenschen anfangen, sich zu fragen, wer sie wirklich sind. Neben dem künstlich erzeugten, glamourösen, aber in sich substanzlosen Prestige, lädt die berufliche Identifikation zum Geldjagen ein und das lässt die Zeit rasend schnell vergehen. Manche Menschen sind so arm, alles was sie haben, ist Geld. Wie schon erwähnt, kann Geld ein tolles Instrument sein, aber wenn Ihnen das Beschaffen davon den Blick nach innen verwehrt, wird es früher oder später ungesund. Ihre Lebenszeit ist viel zu wertvoll. Verplempern Sie diese nicht. Wachen Sie so früh wie möglich auf. Je früher Sie erkennen, dass Sie noch immer das sind, was Sie bereits vor Ihrer beruflichen Tätigkeit waren, desto mehr steht es Ihnen frei, bewusst zu entscheiden, wozu Sie Ihre Lebensenergie nutzen.

Overthinking – Energievampiren keine Kontrolle schenken!

Erkennen Sie sich in den folgenden beschriebenen Situationen wieder?

Manchmal denken Sie tagelang über ein Geschehen von vor Wochen nach? Zusätzlich fragen Sie sich, warum Sie überhaupt noch darüber nachdenken müssen, anstatt nicht mehr darüber nachzudenken.

Sie können gelegentlich nicht anders und in jeder Aussage, in jeder Nachricht oder in jedem Gespräch – sogar mit einem Freund – zerbrechen Sie sich den Kopf darüber, wie Ihr Gesprächspartner bestimmte Aussagen gemeint haben könnte. War das gegen mich gerichtet? War das eine versteckte Botschaft? Hätte ich anders reagieren sollen? War meine Antwort unpassend?

Wenn Sie ein Energievampir kritisiert, überlegen Sie tagelang, ob er recht hat. Sie neigen dazu, die Meinungen und Kommentare von Energievampiren viel mehr zu gewichten als Ihre eigenen.

Es fällt Ihnen schwer, einfach mal abzuschalten, sich Ruhe zu gönnen, indem Sie nichts tun. Wenn Sie schlafen, relaxen oder meditieren wollen, fährt Ihre Gedankenwelt Achterbahn und Ihre Gefühle sind dabei die Insassen.

Aussagen anderer treffen Sie ins Mark. Sogar, wenn es Menschen sind, welche Sie nicht zu Ihren wichtigsten zählen.

Das waren nur einige, kräftezehrende Szenarien, die viele Menschen von uns täglich durchmachen. Intuitiv wissen Sie ganz genau, dass diese aufgebauschten Gedanken letztendlich nur irrsinnig sind und diese Ihre kostbare Energie verpulvern. Wenn es Ihnen gelegentlich so geht, dann werden Sie mit großer Sicherheit schon öfter das Gefühl gehabt haben, das Ihnen sagt: „Was mache ich hier eigentlich und vor allem warum? Ich will das doch gar nicht! Was kümmert es mich, was gestern war? Warum mache ich mir Gedanken über einen plumpen Spruch, den mein Arbeitskollege mir vor drei Tagen so beiläufig vor dem Kopf geworfen hat?“ Machen Sie es zu Ihrer täglichen Aufgabe, sich nicht mehr so viel um solche Kleinigkeiten zu scheren. Dabei ist es essentiell zu verstehen, dass etliche Aussagen absolut substanzlos und nicht annähernd der Rede wert sind, da diejenigen, welche diese tätigen, oft unmittelbar danach schon wieder etwas ganz anderes im Kopf haben. Sie kennen die Redewendung “Zuerst denken, dann sprechen.“ Viele Energievampire machen es weder so noch umgekehrt! Seien Sie sich dessen zu jeder Zeit bewusst und akzeptieren Sie, dass es völlig naiv wäre, bestimmte Aussagen ernst zu nehmen. Fokussieren Sie sich lieber auf das wirklich Wichtige und Schöne. Zu viel Aufmerksamkeit lässt einen Esel denken, er sei ein Löwe. Ich liebe Tiere und bin der Meinung, dass ein Esel in keinster Weise weniger wert ist als ein Löwe oder irgendein anderes Lebewesen, aber ich bin sicher, Sie wissen, worauf ich hinaus möchte! In Wahrheit ist das Leben viel zu schmackhaft und Sie haben keine Zeit zu verschwenden. Seien Sie jetzt, hier und behalten Sie Ihre Kraft.

Warum zu viel nachdenken Ihnen Kraft raubt und Sie schwach macht.

Ihre Kapazität an Gedanken ist auf 24 Stunden pro Tag begrenzt. Wenn Sie darüber nachdenken, wie viel Prozent davon für irrelevante, unsinnige und völlig überflüssige Gedanken draufgehen, wird Ihnen vermutlich klar, wie viel Energie Sie verschwenden. Was würden Sie sagen, wie viel Prozent Sie verpulvern? 30%? 50%? 70% oder noch mehr? Versuchen Sie, sich mal vorzustellen, wie es Sie in allen möglichen Lebensrichtungen bereichern könnte, wenn Sie aufhören zu verpulvern. Sie könnten sich darauf konzentrieren, was Sie wirklich voranbringt. Sie könnten die Segel in Richtung Gesundheit, Karriereerfolg, Familie und Freunde ausrichten. Stattdessen aber lassen Sie sich von den Aussagen eines Energievampirs geradezu herumschubsen. Sie lassen es zu, dass ein Energievampir, der Ihnen etwas an den Kopf geworfen hat, einen merklichen Teil Ihrer Energie bekommt. Wenn Sie ehrlich sind, wissen Sie aber, dass Sie sich mit Ihrer Denkweise in Wirklichkeit selbst so sehr Ihrer eigenen Kraft berauben. Sie verlieren gleichzeitig an Durchsetzungsvermögen, an Selbstvertrauen und damit einhergehend an Lebensenergie. Andere Menschen nehmen bewusst oder unterbewusst wahr, dass Sie ein Mensch sind, der sich lieber an den Vorgaben (Meinungen) anderer orientiert und dafür auch bereit ist, Leid in Kauf zu nehmen. Genau diese unterwürfige Haltung wird von einigen

Energievampiren skrupellos ausgenutzt, denn damit sind Sie kinderleicht zu manipulieren. Für Energievampire ist es somit ein Leichtes, Ihnen Druck zu machen oder Sie emotional zu erpressen. Natürlich muss nicht immer eine böse Absicht dahinter stecken, aber es reicht bereits, dass Sie sich mit dieser Haltung immer wieder in Situationen wiederfinden, die Ihnen Unbehagen bereiten.

Kurzum: Als Overthinking-Mensch wird Ihnen der Stempel von außen aufgedrückt. Als klar denkender Mensch drücken Sie der Welt Ihren Stempel auf! Wie können Sie Ihr Overthinking nun stoppen? Eine Abwehrreaktion ist alles andere als sinnvoll. Gedanken wie: „Das lasse ich nicht mehr mit mir machen!“, sind zwar vom Ansatz her richtig und können für den anfänglichen Umgang mit bereits genannten Situationen helfen, lösen aber nicht das Grundproblem. Viel effektiver ist es für Sie, die Wurzel des Problems herauszureißen. Das heißt: Lösen Sie Ihr Bedürfnis auf, alles Mögliche zu überdenken! So kommen Sie gar nicht mehr in die Gefahr, dass ein Energievampir Ihnen den Tag vermiest. Zu viele Gedanken bremsen das Leben. Allein die Idee, jede noch so kleine Aussage zu hinterfragen und zu überdenken, muss verschwinden. Diese Idee lässt Sie im Kreis wandern. Halten Sie an, durchbrechen Sie den Kreis beinhart und verlassen Sie Ihn, um zu sehen, dass es außerhalb des Kreises alles gibt, was Ihnen Freude und Glück bereitet!

Hier noch zwei wichtige Anregungen für Sie:

Verstehen Sie, dass das Gesagte einer Person immer mehr über jene aussagt als über Sie. Wenn Ihnen jemand etwas sagt, dann schließen Sie es nicht gleich auf sich selbst. Verstehen Sie, dass jeder Mensch seine eigene Realität konstruiert. Folglich leitet sich eine Aussage eines anderen Menschen (auch, wenn diese an Sie gerichtet ist), immer aus seiner eigenen Realität ab. Wenn Ihnen ein Energievampir eine üble Bemerkung gibt, können Sie sich immer fragen: „Warum sagt er/sie mir jetzt sowas? Warum hat er/sie diesen Gedanken überhaupt?“ Schnell wird Ihnen klar, dass negative Aussagen Ihren Ursprung meistens in der eigenen Unzufriedenheit haben. Wer mit sich selbst zufrieden ist, sagt einem anderen Menschen nichts, was ihm seine Energie rauben könnte. Eher das Gegenteil ist Fakt, jeder Strahli weiß und lebt das. Wer hingegen mit sich selbst unzufrieden ist, will instinktiv andere Menschen unterbuttern, ihnen wortwörtlich den Mut nehmen. Solange ein Energievampir dafür sorgen kann, dass sein Gegenüber keine höhere Lebensfreude als er selbst zum Ausdruck bringt, ist er befriedigt. Es geht im Endeffekt also nicht wirklich um Sie, sondern betrifft in Wahrheit allermeistens den Aussagenden.

Leben Sie im Moment und bewerten Sie nicht!

Gerade für Menschen, die zu viel nachdenken, ist es schwer, voll und ganz ins Jetzt zu kommen. Das Jetzt sorgt jedoch dafür, dass Sie in nur einem Wimpernschlag mit dem Gedankenchaos aufhören und die Sache so sehen, wie sie wirklich ist. Sie können sogar selbst entscheiden, wie Sie die Sache sehen wollen. Ob positiv, negativ, hilfreich oder böse – das bleibt Ihnen zu jeder Zeit überlassen, denn letztendlich entscheiden Sie als Empfänger, wie Sie eine Aussage annehmen, wenn Sie sie überhaupt annehmen. Um Ihre Wahrnehmung in das Jetzt zu bringen, versuchen Sie, sich von Ihren äußeren Umständen los zu lösen, indem Sie primär dankbar für das sind, was Sie genau jetzt gerade erleben dürfen. Sogar für ein Gespräch mit einem nervigen Energievampir können Sie dankbar sein, da dieses Ihnen, wie bereits erwähnt, zum Beispiel einmal mehr klar macht, wie Sie persönlich niemals sein wollen, da Sie ein großherziger, gut beseelter Mensch sind. Wenn Sie in der Lage sind, Dankbarkeit im Jetzt zu verspüren, werden Sie merken, wie viel mehr Klarheit, Motivation und Selbstvertrauen in Ihnen aufkeimt, während Sie buchstäblich spüren, wie der Energiefluss in Richtung des Energievampirs abnimmt. Je mehr Sie das verinnerlichen, desto geringer ist das Verlangen nach dem Bewerten von Situationen, Aussagen und Sprüchen.

Lassen Sie Ihre Wut raus!

Wut ist eine typisch menschliche Emotion. Entgegen der Meinung vieler Menschen ist Wut jedoch nicht etwas, das es zu unterdrücken gilt. Sie ist nichts, das Sie verstecken müssen und wofür Sie sich schämen müssen. Daher möchte Ich Ihnen gerne etwas ganz Wichtiges, unheimlich Essentielles gleich zu Beginn dieses Kapitels mit auf den Weg geben: „Wer seine Wut nicht erkennt und rauslässt, bringt sie zum Wachsen.“ Wie kann man aber mit der Wut umgehen, damit man selbst nicht mehr aus der Ruhe zu bringen ist und jederzeit souverän bleibt? Wachsende Wut kann sich in vielen Dingen manifestieren. Manche Menschen werden sogar körperlich krank. Sie bekommen Bauchschmerzen, Rückenschmerzen, haben mit Übelkeit zu kämpfen und mehr. Auf den ersten Blick wird nicht deutlich, woher diese Symptome rühren, doch es lässt sich selbst wissenschaftlich nicht mehr abstreiten, dass schlechte Emotionen zu einer schlechten gesundheitlichen Verfassung führen, erst recht, wenn schlechte Emotionen nicht ausgelebt werden dürfen. Das ist nur logisch. Denn wenn Sie Wut in sich spüren, die immer weiter wächst, produzieren Sie tatsächlich Stresshormone. Diese wiederum wirken wie Freie Radikale im Körper und zerstören gesundes Zellgewebe. Sie setzen Ihr Immunsystem gehörig unter Druck und wenn Sie den Druck nicht von Zeit zu Zeit abbauen, kann das schwerwiegende Folgen haben. Zudem macht Wut blind. Wut sorgt für einen trüben Tunnelblick und triggert Ihr Reptilienhirn, der Teil des Gehirns, der unüberlegt und ohne Rücksicht auf Konsequenzen einfach nur tätig werden will, um „niedere Reflexe“ zu befriedigen.

Im Kontext mit der Wut wird Sie das immer wieder vor Situationen stellen, in denen Sie sich selbst fragen, was Sie da eigentlich gerade verzapft haben. Mit „niederen Reflexen“ sind Reflexe gemeint, die auf einer niedrigen Schwingungsfrequenz basieren, etwa auf Missgunst, Hass, Neid, usw. Die typische Schwingungsfrequenz giftiger Energievampire. Darüber hinaus kann die Wut gefährlich werden, weil wir nur selten auf uns selbst wütend sind. Vielmehr sind wir wütend auf unsere Mitmenschen, Freunde, Lebenspartner, Kinder, Eltern, usw. Leider trifft es dabei oft diejenigen, die uns am nächsten, aber meist unschuldig sind. Offensichtlich wird niemandem geholfen, wenn wir auf andere Menschen wütend sind. Logisch betrachtet verpulvern Sie also haufenweise Energie, blockieren sich selbst und machen sich sowohl seelisch, als auch mental krank. Für Energievampire ein Zuckerschlecken, für Sie aber kein guter Deal! In meiner Vergangenheit habe ich mich ein wenig dem Boxsport gewidmet und dabei gelernt, dass ich genau dann, wenn mein Gegner es geschafft hat, mich dermaßen zu provozieren, am verwundbarsten war. Während mein Gegner seine Wut geschickt und ganz gezielt abgebaut hatte, verlor ich die Kontrolle und schlug, zu meinem taktischen Nachteil, wild und unüberlegt zu. Immer dann, wenn ich meine Wut von außen steuern ließ, genoss es mein Gegner, völlig konzentriert die Fäden zu ziehen. Er spielte mit mir und sah genüsslich dabei zu, wie mich meine eigene Wut ausknockt. Es dauerte nicht lange, bis ich verstand, dass ich meine Wut unter Kontrolle bringen muss. Mit der Zeit ging ich geistig viel gefasster in das Duell und übte den Sport viel mehr als taktisches Spiel als einen wütenden Kampf aus. 10 wilde, unüberlegte Schläge ersetzte ich durch einen gezielten und somit viel effektiveren, klügeren Zug! Auch hier verschwanden der trübe Tunnelblick und meine Wut glich sich spielerisch aus, ich fühlte mich insgesamt leichter und viel mehr in meiner gesunden Mitte. Seit dieser Erkenntnis habe ich Spaß dabei, meine Wut gezielt rauszulassen, auch wenn ich dadurch mittlerweile sehr selten wütend bin. Ich habe gelernt, meine Wut zu akzeptieren und damit umzugehen. Wut ist, wie eingangs erwähnt, ein völlig natürliches Gefühl. Sie tun sich absolut keinen Gefallen, wenn Sie aus dem Wissen heraus, dass Wut Ihnen schadet, versuchen, sie zu unterdrücken. Denn das, wogegen Sie ankämpfen, wächst automatisch immer mehr. Das ist eines der wichtigsten Prinzipien auf dieser Erde. Sie erschaffen im Außen das, was Sie im Inneren basteln. Erst, wenn Sie die Wut zulassen und akzeptieren, kann sie wieder verschwinden. Sie drehen dadurch den Energiehahn für die Wut wortwörtlich einfach ab und erst dann wieder auf, wenn Sie selbst wollen. Vielleicht kommt ab und an noch ein kleines bisschen Rest-Wutenergie aus dem Hahn geschossen. Sie regen sich vielleicht über das Zuspätkommen eines Freundes auf, haben einen kurzen Aussetzer oder fluchen laut. Aber je mehr Sie trainieren, Ihre Wut zu akzeptieren und bewusst wahrzunehmen, desto schneller wird Ihnen bewusst, dass Sie eigentlich keinen Grund haben, sich aufzuregen. Wie durch Magie schwindet plötzlich das Bedürfnis, und alles wirkt viel heller und klarer um Sie herum, weil auch der Tunnelblick wieder verschwindet.

Finden Sie den eigenen Zugang zu Ihrer Wut und akzeptieren Sie diese!

Nun sollen praktische Tipps folgen, wie Sie Ihre Wut kontrollieren können und ihr den Wind aus den Segeln nehmen. Das Ziel ist es, den Schaden der Wut in Grenzen zu halten oder sogar in echte, positive Ergebnisse zu verwandeln. Der erste Schritt ist so simpel, wie auch kompliziert: Erkennen Sie und akzeptieren Sie, dass Sie wütend sind. Noch besser: Beobachten Sie, dass Sie wütend sind. Fühlen Sie Ihre Wut im Körper. Wo genau tut es Ihnen weh? Wo brodelt es? Welche versteckten Bedürfnisse kochen in Ihnen hoch? In dem Moment nehmen Sie sich die Kontrolle zurück. Und von da an gilt es, in die Analyse zu gehen. Lernen Sie, dass Sie die Ursache für Ihre Wut ohnehin nicht immer sofort ändern können. Nehmen Sie Ihre Situation einfach an. Von da aus haben Sie exakt drei Möglichkeiten:

Halten Sie sich beinhart von der Ursache fern (etwa von bestimmten Mitmenschen/Energievampiren).

~

Integrieren Sie die Ursache in ihr Leben, kommen Sie in Zukunft damit klar und leben Sie mit ihr im Einklang.

~

Ändern bzw. bearbeiten Sie die Ursache Schritt für Schritt (Bedenken Sie stets, dass sich sehr viele Energievampire nicht ändern wollen).

Mit diesen drei Möglichkeiten handeln Sie wieder selbstbestimmt und sind nicht weiterhin das Opfer eines unlösbaren Konflikts. Sie können sich diese drei Punkte auf einem kleinen Zettel notieren, den Sie immer mit sich tragen, um einen Blick darauf zu werfen, wenn es nötig wird.

Wie lasse ich die Wut aus meinem Körper heraus, wenn die Analyse nichts hilft?

Wut ist eigentlich ein Geschenk. Denn sie zeigt Ihnen ganz deutlich, was Sie NICHT sind. Es ist ein Gefühl, dass Sie erkennen lässt, dass Sie sich in Zukunft von der Ursache deutlich abgrenzen und sich intensiver damit beschäftigen sollen, was Ihnen Freude bereitet. Einmal mehr wird Ihnen verdeutlicht, dass Sie Ihre Aufmerksamkeit noch immer nicht genug dem widmen, was Ihnen wahrhaftige Freude bereitet. Sie sollten Ihre Aufmerksamkeit auf Dinge richten, die Sie zum Strahlen bringen! Dazu haben Sie das Recht. Alles andere ist Zeitverschwendung. Ab und zu ist das Gefühl der Wut aber nicht aufzuhalten. Wenn die mentale Auflösung der Blockade nicht mehr ausreicht, um auch das physische Bedürfnis nach einer Reaktion genügend zu verringern, brauchen Sie ein Ventil. Was ist aber das beste Ventil? Ihre Mitmenschen anschreien? Sich selbst beschimpfen oder gar verletzen? Sich tagtäglich stressen? Natürlich nicht! Denken Sie nicht daran, sich selbst und Ihren Mitmenschen absichtlich Schlechtes zu tun. Fangen Sie nicht an, ein negatives Selbstbild zu kreieren, damit Sie quasi "schlecht sein dürfen", weil es anders ja gar nicht geht. Lassen Sie diese langweiligen Ausreden. Wählen Sie endlich den richtigen, satt den leichtesten Weg. Übernehmen Sie lieber Eigenverantwortung, anstatt sich in irgendwelche künstlichen Szenen zu stürzen. Dass Sie keine Drogen nehmen sollten, um vor Ihren Aufgaben zu flüchten, sollte selbstverständlich sein. Tun Sie Ihrem Körper besser etwas Gutes, damit Ihre Seele gerne darin wohnt! Versuchen Sie, Ihre Energie gewinnbringend einzusetzen. Das funktioniert am besten in Form von körperlich anspruchsvollem Training. Versuchen Sie es mit Laufen, Boxen, Krafttraining, Yoga oder mit Sprints. Eine weitere Variante ist es, die Musik laut aufzudrehen (am besten Musik, die aggressiv ist), sich einen Stift und ein Papier zu nehmen und all die Dinge aufzuschreiben, die Sie wütend machen. Das kann der nörgelnde Chef am Arbeitsplatz sein, der unfreundliche Verkäufer, die jammernde Schwiegermutter oder sonst irgendein Energievampir. Anschließend vernichten Sie das Papier. Verheizen, in den Müll werfen, was auch immer - Hauptsache weg damit! Je öfter Sie das tun, desto eher können Sie sich auch wieder von aggressiver, grundsätzlich nicht hoch schwingender Musik, abgrenzen! Für den anfänglichen Prozess kann sie jedoch hilfreich sein, wenn man sie richtig und vor allem ganz bewusst einsetzt! Natürlich kann auch Sex dafür sorgen, Ihre Wut rauszulassen. Sex ist ein sehr weit verbreitetes Ventil, auch wenn es viele Menschen gar nicht als solches erkennen. Alle möglichen Varianten und jegliche Fetische dürfen, natürlich solang alle Beteiligten einverstanden sind, ausgelebt werden! Grenzen gibt es dabei kaum. Wichtig ist es, dabei völlig hemmungslos zu genießen. Denken Sie nicht darüber nach, ob gewisse Vorlieben moralisch vertretbar sind. Es ist erstens nicht wichtig, was andere davon halten und zweitens wissen Sie nicht, was andere wirklich davon halten, selbst wenn derjenige Ihnen das vermeintlich kommuniziert. Meistens haben nämlich genau diejenigen, die mit dem Finger auf andere zeigen und bewerten, noch krassere Fantasien, mit dem gravierenden Unterschied, das zuzugeben, geschweige denn authentisch zu leben. Beachten Sie aber zu jedem Zeitpunkt, dass Sie sich Ihre Würde behalten und Sie auch hier ganz bewusst tun, was Sie tun. Ihre Würde sollten Sie niemals ignorieren! Während Sie die Wut bewusst rauslassen, sollten Sie es nicht anstreben, ihr primäres Ziel zu erreichen. Also versuchen Sie in dieser Phase ja nicht zu analysieren, sondern lassen Sie die aktuelle Wut einfach mal ohne viel darüber nachzudenken raus! Denn Wut verschafft Ihnen einen trüben Tunnelblick, der Ihnen die Leichtigkeit raubt. Dreimal dürfen Sie raten, wem das zu Gute kommt. Richtig, einem hungrigen Energievampir! Wenn Sie Ihre Wut in einem abgesicherten Raum, meistens zu Hause in den eigenen vier Wänden, herauslassen, sinken die körperlichen Blockaden und Sie können die Fähigkeit zur substanziellen, erfolgsorientierten Analyse wieder zurückgewinnen. An dieser Stelle kehren Sie einfach wieder zur Analyse zurück und akzeptieren die Situation.

Der Weg von der Wut hin zur Selbsterkenntnis

Die letztendliche Meisterübung besteht darin, die Wut in Selbsterkenntnis zu verwandeln. So schaffen Sie es, in Zukunft immer weniger für Krafträuber und Energievampire anfällig zu werden. Denken Sie wie folgt: Jeder Wutanfall, jeder Funken Wut in Ihnen ist eine Chance, um ein gelassener, zentrierter Mensch zu werden, der sich immer auf das Wichtigste fokussieren kann. Doch wie schaffen Sie es, Wut in Selbsterkenntnis zu verwandeln, damit Sie nicht mehr aus der Ruhe zu bringen sind? Ich kann Ihnen vorwegnehmen, dass die Umsetzung nicht immer einfach sein wird. Es erfordert, dass Sie sich eingestehen, dass Sie für den allergrößten Teil in Ihrem Leben selbst verantwortlich sind. Für jede Spur Trauer, Wut, Angst, Frust oder Misserfolg – aber auch genauso gut für jede Spur Freude, Glück, Liebe und Erfolg. Klar, es gibt tatsächlich Wesen, die Ihnen ganz gezielt schaden wollen. Darüber könne man jedoch ein eigenes Buch schreiben. Sie wissen aber ganz genau worauf ich hinaus möchte. Stichwort: Eigenverantwortung.

Gehen Sie also an die Sache wie folgt heran: Sobald Sie merken, dass Sie wütend werden (etwa, weil Ihnen ein Energievampir etwas Schlimmes sagt), fragen Sie sich NICHT, wie es die andere Person wagen kann. Fragen Sie sich viel mehr, warum es Sie persönlich so sehr trifft.

Diese Übung haben wir bereits im ersten Kapitel beschrieben. Hier aber soll es Ihnen dabei helfen, Ihr Wutpotenzial zu senken, indem Sie Ihre Persönlichkeit nach und nach stärken. Denn, wenn Sie herausfinden, warum eine Aussage Sie so sehr trifft, haben Sie einen ganz persönlichen Schwachpunkt ausfindig gemacht. Seien Sie sich bewusst, dass Sie immer an einem emotionalen Schwachpunkt getroffen werden, wenn Sie sich durch die Aussagen eines anderen angegriffen fühlen. Dieser Schwachpunkt kann alles Mögliche sein.

Hat der Energievampir vielleicht Recht mit dem, was er sagt? Betrachten Sie ein Thema vielleicht zu ernst und verlieren dadurch die Souveränität? Sind Sie vielleicht mit sich selbst unzufrieden und wollten deswegen eine bittere Wahrheit nicht hören? Es erfordert sehr viel Stärke, denn Sie müssen Ihr Ego für einen kurzen Moment aus dem Weg räumen und sich die eigene Schwäche eingestehen. Doch ich bitte Sie herzlichst, diesen schweren Schritt zu gehen, weil das Ergebnis fantastisch sein kann. Die größten Erfolgsschübe des Lebens ergeben sich meistens aus der Erkenntnis heraus, dass man schwach ist/war. Erst, wenn Sie Ihre eigenen Schwächen wahrnehmen können, sind Sie in der Lage, stetig an Ihrer Entwicklung zu feilen, um Ihr Selbstwertgefühl zu steigern. Je mehr Selbstwertgefühl, desto weniger anfällig für Energievampire. Automatisch werden unangenehme Wahrheiten erwünscht und im besten Fall sind Sie für das Aufzeigen eines Defizits, einer Schwäche, dankbar, weil Sie die Chance darin erkennen! Die meisten Menschen streben nach Freude, Glück und Kohärenz. Wenn Sie sich über die Chance von aufgezeigten Schwächen noch nicht im Klaren sind, fühlen Sie sich vielleicht, als ob Sie aus der eigenen Synchronizität des Lebens herauskatapultiert worden sind. Wenn Sie die Chance aber verstehen und nutzen, schöpfen Sie daraus und gewinnen mehr und mehr an Souveränität, die Ihnen in der Begegnung mit Energievampiren eine gefestigte Präsenz verleiht. Schwächen sind also grundlegend nichts Schlechtes und wirken sich nur dann negativ aus, wenn wir Sie leugnen. Abgesehen von der Gelassenheit gegenüber Energievampiren wird ein genereller Antrieb bezüglich Ihrer Lebensbaustellen als weiterer Bonus gewonnen. In Verbindung mit positivem Denken, also der Erkenntnis, dass in der Wut ein Geschenk liegt, können Sie wahre Wunder bewirken. Mehr dazu im nächsten Kapitel.

Denken Sie positiv statt optimistisch!

Positives Denken ist eine der wichtigsten Tugenden, die wir in unserem Leben implizieren sollten. Die Art, wie wir denken, bestimmt letztendlich alles in unserem Leben. Unsere Gefühle, unser Umfeld, unsere Ergebnisse. Negatives Denken zieht ein negatives Leben mit sich.

Das ist nur logisch, denn die Energie fließt dorthin, wo Ihr Fokus hingeht. Sie ziehen das an, was Sie gedanklich manifestieren. Unter dem Gesichtspunkt wird Ihnen bewusst, dass Sie ab jetzt in Allem das Gute herausfinden sollten. Auch, wenn Sie sich vielleicht gerade in einer sogenannten Lebenskrise befinden. Nun wollen wir aber einen Schritt weitergehen. Denn viele Menschen verwechseln positives Denken mit Optimismus. Klar ist Optimismus eine schöne Eigenschaft und sie ist bei weitem nutzvoller als Pessimismus, aber schlussendlich bringt er allein Sie nicht dorthin, wo Sie hinwollen. Dazu schauen wir uns einmal genauer an, was der Unterschied zwischen positivem und optimistischem Denken ist.

Optimistisches Denken:

Wenn Sie optimistisch denken, kann man das allerhöchstens mit Hoffnung vergleichen. Sie befinden sich in einer schwierigen Situation und hoffen auf einen guten Ausgang. Dabei versuchen Sie aber nicht, aktiv zu handeln, um die Situation zu verändern. Sie sehen vielleicht,,warum etwas gut gehen könnte. Aber Sie sehen nicht, welchen konkreten Beitrag Sie leisten können, weil Sie die Sache ganz einfach sich selbst, oder, wie weit verbreiten „dem Universum" überlassen. Auf diese Weise reduzieren Sie zwar Ihre eigenen Sorgen mehr oder minder, bleiben aber blind, wenn es darum geht, tatkräftig zu verbessern.

Positives Denken:

Das positive Denken ist jedoch genau dafür geeignet, um jederzeit eine Situation verbessern zu können. Sie hoffen nicht nur, dass eine schlechte Situation gut ausgeht, sondern sehen, was Sie aktiv und ganz bewusst tun können, damit Negatives in Positives umgewandelt wird. Erkennen Sie, was der Unterschied ist? Während optimistisches Denken blind macht, eröffnet Ihnen das positive Denken echte Möglichkeiten. Optimistisches Denken ist quasi das Glücksspiel, positives Denken hingegen kalkulierter Erfolg. Im Vorwort habe ich bereits beschrieben, dass ich mich für die Sonnenseite des Lebens entschieden habe. Ich habe demnach ganz klar begonnen, positiv zu denken und aufgehört ausschließlich optimistisch zu verweilen.

Wie die Kunst des positiven Denkens wahre Wunder in Ihrem Leben manifestiert, wissen Sie nun. Dass Sie mitnichten nur optimistisch denken dürfen, um aus einer missliche Lage herauszukommen, auch. Es ist sogar gefährlich, nur optimistisch zu denken. Denn wenn sich Ihr Optimismus am Ende nicht auszahlt, schwankt Ihr vorheriger Gutglaube schnell in Frust und Pessimismus um und dann sind Sie noch weiter vom positiven Denken entfernt als zuvor. Sie müssen aber verstehen, wie und warum positives Denken Ihr Leben überhaupt beeinflusst, damit Sie eine intrinsische Motivation entwickeln, immer und überall – so gut es geht – positiv zu denken. Machen Sie sich bewusst, dass Sie stets dieselbe Energie anziehen, die Sie ausstrahlen. Das bedeutet im Klartext: Denken Sie im Mangel, ziehen Sie Mangel an. Denken Sie im Überfluss, ziehen Sie Überfluss an. Dieses Prinzip lässt sich immer wieder im Leben erkennen.

Schauen Sie her!

- Reiche Menschen ziehen noch mehr Geld an.
- Arme Menschen werden immer ärmer.

- Partner verstehen sich ausgezeichnet, wenn sich ihr Lebensstil, ihre Werte und ihre Gefühle zu verschiedenen Themen gleichen.

- Frustrierte Menschen haben noch mehr Pech.
- Glückspilze haben noch mehr Glück.

Wenn Sie sich entscheiden, positiv zu denken, werden sich in Ihrem Leben positive Dinge manifestieren. Denken Sie Gutes und Ihnen widerfährt Gutes! Sehen Sie Chancen dort, wo andere Probleme sehen. Das Buch, das Sie gerade lesen, hätte ich niemals schreiben können, wenn ich nur den Bruchteil einer Sekunde an eine der künstlich erschaffenen Horror-Theorien einiger Energievampire geglaubt hätte. Ich bin zutiefst davon überzeugt, dass ich sehr vielen Menschen dabei helfen kann, sich erfolgreich vor Nichtsgönnern zu schützen und nutze daher die Chance, ein Buch zu verfassen. Immer, wenn mir jemand versucht hat zu erklären, weshalb das nicht funktionieren kann, dachte ich mir, dass er mir gerade seine persönlichen Grenzen schildert. Gleichzeitig war mir ununterbrochen klar, dass meine Grenzen ganz wo anders, fernab von denen der kleinherzigen Pessimisten liegen und mich nichts stoppen kann, sobald ich von einem Vorhaben überzeugt bin. Grundlegend hat jeder Mensch die gleiche Welt vor sich liegen. Es liegt jedoch am Einzelnen selbst, für welche Gegebenheiten er seine Augen öffnet und ferner, welche Gegebenheiten er anzieht. Doch das ist nicht alles, was Sie verstehen müssen. Wenn Sie das Gesetz der Resonanz verstanden haben, können Sie schon leicht nachvollziehen, wie sich positives Denken auf Ihren gesamten Lebensumstand auswirkt. Mit jedem Gedanken senden Sie ein Energiesignal aus. Dieses Energiesignal wird noch verstärkt, wenn es zu einem Gefühl wird. Noch stärker wird es, wenn zusätzlich eine Tat daraus folgt. Diese drei Komponenten bilden die Energie, die Sie anziehen. Wenn Sie einen guten Gedanken hegen, etwa, indem Sie sich selbst für gute Arbeit loben, folgt ein darauf passendes Gefühl, zum Beispiel Selbstliebe. Ihre folgenden Taten basieren dann exakt auf diesem Gedanken-Gefühl-Konstrukt. Wenn Sie die passenden Taten ausführen, erschaffen Sie sich ein Umfeld das genau dieser Energie gleicht. Schritt für Schritt stoßen Sie das Negative ab und schaffen Platz, um mehr Positives in Ihr Leben zu ziehen. Sie merken, wie groß die Auswirkung eines einzigen positiven Gedankens sein kann. Was würde passieren, wenn Sie von nun an mehr positive Gedanken als negative Gedanken hegen? Stellen Sie sich diese Frage jeden Tag selbst und versuchen Sie, diese auch wirklich zu beantworten. Was, wenn Sie trainieren, immer das Positive zu sehen, sogar in schwierigsten Momenten? Nein, das ist nicht einfach. Von einfach war aber auch nie die Rede. Aller Anfang ist bekanntlich schwer. Je intensiver Sie sich Ihrer positiven Denkart widmen, desto weniger müssen Sie im Außen tun, weil der Geist die Materie erschafft. Mit einer Art selbst verpasster Gehirnwäsche schaffen Sie es, Ihre Art zu denken, erfolgreich umzuprogrammieren. Mehr dazu im folgenden Kapitel.

Eigene Gedankenwelt umprogrammieren

Verstehen Sie die Umprogrammierung bitte richtig. Es wird nicht so funktionieren, dass Sie eine einzige Übung machen und ab morgen sofort ein andersdenkender Mensch sind, der missionierend durch die Straßen läuft. Sie brauchen Durchhaltevermögen und Geduld. Räumen Sie sich ausreichend Zeit ein, denn es können Rückschläge eintreten. Bereiten Sie sich auch darauf vor, dass Sie sich irgendwann bewusst beobachten und merken „Hey, das habe ich mir doch eigentlich abtrainiert!" Keine Sorge! Das ist vollkommen legitim und nur eine weitere Chance, Ihre alten, schädlichen Glaubensmuster aufzulösen. Darüber hinaus gibt es noch eine gute Nachricht für Sie: Wenn Sie nämlich einen Glaubenssatz wirklich umprogrammieren wollen und die folgende Grundübung durchgeführt haben, ist der Prozess der Verwandlung nicht mehr aufzuhalten. Es mag schneller oder langsamer gehen, bis ein negativer Glaubenssatz wirklich zu 100% aufgelöst bzw. umprogrammiert ist. Aber es gibt von diesem Zeitpunkt an kein Zurück mehr. Stellen Sie sich eine lange Reihe knapp hintereinander aufgestellten Dominosteine vor. Indem Sie den ersten auf den zweiten kippen lassen, ist der Fall der kompletten Reihe nicht mehr aufzuhalten. Ab und zu kann es sein, dass die Reihe mal stillsteht, weil ein Stein nicht exakt richtig aufgestellt wurde. An diesem Punkt verzweifeln Sie jedoch nicht, sondern sehen sich ganz genau an, wie Sie den Stein hätten besser hinstellen können. Der falsch stehende Stein ist demnach Ihr negativer Glaubenssatz, den Sie nun im Nachhinein begutachten und neu programmieren, sodass er in Zukunft Ihrem positiven Gedankenfluss dient.

Den negativen Glaubenssatz hinterfragen & umschreiben

Sie haben mittlerweile verstanden, dass jedes Ergebnis Ihrer äußeren Welt zum Großteil auf Ihrer Gedankenwelt fußt. Wenn Sie sich also in einer schlechten Lage befinden, beispielsweise mit Finanzproblemen mit immer wiederkehrenden Beziehungsproblemen oder Einsamkeit usw., müssen Sie den stiftenden Gedanken dafür herausfinden. Jetzt geht es an die Forschungsarbeit. Ich empfehle Ihnen dazu ein leeres Blatt Papier, einen Stift und absolute Stille. Manchen Menschen hilft auch ein Spaziergang. Fragen Sie sich, welche Gedanken Sie seit geraumer Zeit hegen und welcher davon die Ursache für Ihre jetzige Lebenssituation ist.

~

Ein paar Beispiele:

Sie haben immer wieder Beziehungsprobleme:

- Sie glauben, dass Ihr Partner Sie glücklich machen muss.

Immer wenn Sie Geld bekommen, geben Sie es sofort aus:
- Sie verbinden Geld ausschließlich mit Vergnügen und haben es so, von wem auch immer, vorgelebt bekommen.

Sie sind einsam:
- Sie denken von sich selbst, dass Sie nicht interessant und toll genug sind, damit andere Menschen gerne mit Ihnen Zeit verbringen.

All Ihre Versuche, sich selbstständig zu machen, scheitern:
- Sie haben immer nur aus Ihrem Umfeld gehört, dass Sie mit einem gut bezahlten Vollzeitjob glücklich sein können.

Sie leiden unter Geldmangel:
- Sie denken, dass Geld etwas Schlechtes ist.

Sie können einfach nicht mehr Geld anziehen:
- Sie glauben, dass Ihre Person, Ihre Arbeitskraft nicht ausreichend Wert hat, um besser bezahlt zu werden.

Manchmal liegen Erfahrungen, die Ihren Glaubenssatz geprägt haben, ganz weit zurück – beispielsweise in der Erziehung. Im Kinder- und Jugendalter hinterfragen wir die Ereignisse kaum und bilden uns aus unseren ganz eigenen Erfahrungen eine Meinung. Eine Meinung wird dann zu einem Glaubenssatz. Und ein Glaubenssatz wird anschließend ganz still und heimlich zu einer Lebenseinstellung. Nehmen wir eine junge Frau, die in Ihrer ersten Beziehung belogen und betrogen wurde. Natürlich hat sie vor der zweiten Beziehung Angst und neigt dazu, sich Grusel-Szenarien auszumalen. Wenn sie dann noch zum zweiten Mal betrogen wird, bildet sich vielleicht der Glaubenssatz, dass fast alle Männer gleich sind und sie persönlich es nicht wert ist, die gutherzigen und treuesten Männer der Welt zu bekommen. So entsteht ein optimaler Nährboden für eine glücklose Liebesbeziehung mit fehlender Selbstliebe. Ich ermutige Sie dazu, auch die größeren Zusammenhänge zu sehen. Betrachten Sie Ihr Leben als Ganzes und finden Sie heraus, welche Ereignisse, Erfahrungen, Emotionen, Lehren und Predigten Sie geprägt haben. Es folgen Anregungen, wie Sie das Schritt für Schritt machen können:

- Hinterfragen Sie Ihr Weltbild regelmäßig

Wie schon vorhin erwähnt, gehen Sie in die Stille mit Stift und Papier. Nehmen Sie sich immer wieder ausreichend Zeit dafür. Ruhig mehrere Stunden oder gar Tage. Beobachten Sie einfach nur Ihre Gedanken. Manchmal ist es einfacher, sich nur zu einem bestimmten Thema/Problem Gedanken zu machen. Ein anderes Mal sind Ihre Gedankengänge unstrukturiert und wirr. Das ist ok. Wichtig ist nur, dass Sie gezielt beobachten und sich im Hinterkopf stets folgende Frage beantworten: „Inwiefern beeinflusst dieser Gedanke mein Leben?“ Sie werden erstens erstaunt sein, wie oft Sie die gleichen Gedanken denken und Sie werden zweitens erstaunt sein, wie deckungsgleich diese mit Ihrem äußeren Leben sind. Erwischen Sie sich häufiger mit dem gleichen Gedanken, dann haben Sie einen echt hartnäckigen Glaubenssatz am Haken. Doch beobachten Sie nicht nur Ihre Gedanken, sondern auch Ihre Gefühle und vor allem Ihre Impulse. Wie reagieren Sie auf bestimmte Situationen und wie würden Sie am liebsten reagieren? All das sagt in Wirklichkeit aus, welche Art von Mensch Sie eigentlich sind. Machen Sie diese Übung immer dann, wenn Sie unzweifelhaft entschlossen sind einen hemmenden Glaubenssatz ausfindig zu machen, um ihn just umzuprogrammieren. Immer dann, wenn Sie echt etwas in Ihrem Leben verändern wollen, aber der Zugang zur Veränderung blockiert ist. Integrieren Sie zeitgleich den Glaubenssatz, dass Sie selbst, und zwar ganz allein, für den Großteil der Geschehnisse, die Ihnen im Außen widerfahren, verantwortlich sind.

Alle Problemursachen, aber auch alle Lösungen schlummern in Ihnen und das ist auch gut so! Eine zuhöchst erfreuliche Nachricht! Wenn Sie das nicht nur als Motivationsübung betrachten, sondern es wirklich als Wahrheit verinnerlicht haben, wissen Sie, dass Sie der eigene Programmschreiber Ihres Lebens sind! Eine erfreulichere Erkenntnis kann es kaum geben.

- Finden Sie die Wurzel (Fragen Sie sich warum)!

Nachdem Sie sich beobachtet haben, lade ich Sie ein, die Wurzel Ihrer Gedanken, Gefühle und Impulse herauszufinden. Fragen Sie sich immer wieder: „Welche Erfahrungen, Lehren oder Ereignisse in meinem ganzen Leben führten dazu, dass ich heute so denke, wie ich denke?“ Gehen Sie dabei radikal vor. Radikal im ursprünglichen Sinne. Gehen Sie dabei gründlich an die Wurzel! Eine kurze Gedankenkette von mir persönlich: Die Erfahrung, dass meine Familie stets am Existenzminimum lebte, machte mich zwingend zu einem sehr bescheidenen Typen, der nie was verlangte. Unwissend war ich stark im ungesunden Teil des Echoismus angesiedelt. Wir lebten zeitweise zu neunt in einer 32qm kleinen Wohnung. Als junger Erwachsener prahlte ich dann mit meiner Bescheidenheit, dachte es sei eine Eigenschaft, die mich besonders macht und erschuf mir somit den Umstand, immer nur das anzuziehen, was ich gerade mal zum Überleben brauche. Nicht mehr und nicht weniger. Wobei, sehr oft kam es dazu, dass ich das Dach über meinem Kopf fast verlor. Aufgrund von Geldmangel! Insgesamt dachte ich, Geld sei grundsätzlich irgendwie verwerflich und somit war ich darauf programmiert, es in gewisser Weise zu verachten. Menschen, die viel Geld hatten, waren für mich automatisch anstößig. Diese Art zu denken, dieser Glaubenssatz, war, wie sich durch das radikale Beobachten meiner eigenen Gedanken herausstellte, ausschließlich der Erfahrung geschuldet, in einem ärmlichen Lebensumfeld aufgewachsen zu sein. Bis zu dieser Erkenntnis war ich im gewissen Sinne mein eigener Energievampir. Sobald ich das wusste, entschied ich mich, diesen Glaubenssatz umzuschreiben. Es war ein holpriger Weg und ich wurde buchstäblich vom Leben getestet. Da ich jedoch überzeugt war, dass ich Geld nur dann anziehen kann, wenn ich meinen Glaubenssatz radikal um 180 Grad schwenke, bestand ich jeden Test mit Leichtigkeit. Die Jobs, die mir anschließend wie aus dem Nichts zufielen wurden attraktiver und die Möglichkeiten, wirklich viel Geld zu verdienen, um all das umsetzen zu können, was ich schon immer wollte, rückten mit jedem Tag wie von selbst näher. Akzeptieren Sie, dass es sich hierbei um eine Tatsache handelt. Dass Ihre Gedanken der Samen für Ihre äußeren Gegebenheiten sind, ist kein leeres Esogequatsche, sondern harte Wirklichkeit, von der Sie jede Sekunde profitieren können! Starten Sie Ihre eigene Gedankenkette. Dabei kann es neben Geld natürlich auch um Liebe, Gesundheit und Glück gehen. Was auch immer Ihnen aktuell am Herzen liegt. Starten Sie damit und Sie werden erstaunt sein, wie offensichtlich es ist. Es wird Ihnen gelegentlich wie Schuppen von den Augen fallen. Sie verwandeln sich durch diese Übung Schritt für Schritt von einem Opfer der eigenen Lebensumstände in einen schöpferischen Macher, der für Energievampire nicht mehr greifbar ist. Sie gewinnen Selbstbeherrschung durch Wissen. Machen Sie dies mit jedem Glaubenssatz, der Ihnen auffällt. Natürlich in erster Linie mit denen, die Ihnen Probleme bereiten. Mit dieser Haltung werden Sie Energievampire nicht nur abschrecken. Die Anzahl der Energievampire, die Ihnen begegnen, wird mit jedem Monat, jeder Woche, jedem Tag sinken, weil Sie mit dieser Haltung viel höher schwingen.

- Das Problem mit den Eltern

Bei dem dritten Schritt handelt es sich um einen kleinen Zwischenschritt, der jedoch von so großer Bedeutung ist, dass er angesprochen werden muss. Während der Selbstreflektion vergessen die meisten Menschen, die Lehren und Ereignisse der Eltern zu hinterfragen. Sie sehen die „Wahrheit“ der Eltern als unumstritten an. Was die allwissenden Eltern einem beibringen und im Laufe der Erziehung vermitteln, sind für viele, makellose Dogmen, an denen es nichts zu rütteln gibt. Das ist ganz normal, denn Sie wurden damit spätestens seit dem Tag, an dem Sie das Licht dieser Welt erblickten, konfrontiert. Sie können gar nicht anders, als diese zu übernehmen. Doch was ist, wenn Sie die Wahrheit Ihrer Eltern dorthin befördert hat, wo Sie heute stehen? Wenn Sie ein Leben nach Ihren eigenen Vorstellungen leben und Sie Ihr eigener Lebensschöpfer sein wollen, müssen Sie sich auch von den Glaubenssätzen der Eltern lösen. Auch, wenn es an Ihrem Gewissen nagt, Sie verunsichert und Ihnen somit schwerfallen wird. Fragen Sie sich, wie oft Ihre Eltern Ihnen als Energievampire Ihre wertvolle Lebensenergie abzapfen. Lieben Sie Ihre Eltern. Eltern wollen in den meisten Fällen nur das Beste für Sie. Doch was ist, wenn Ihre Eltern es nicht besser wissen? Natürlich sorgen Sie dafür, dass Sie alles für einen klassischen Vollzeitjob tun, weil sie für Sie die größtmögliche Sicherheit wollen. Ihr daraus wachsendes Verlangen nach dieser Sicherheit ist später aber so groß, dass Sie vergessen, was Sie wirklich, wirklich wollen. Ab und zu blitzt vielleicht ein eigenes Bild einer eigenen Sehnsucht auf, aber die Eltern werden es aufgrund ihrer Lebenserfahrung besser wissen und somit verzichten sie letztendlich darauf. Sehr ungesund und vor allem traurig, wenn ich wieder an den Spruch “Das Leben ist zu kurz für irgendwann“ denke. Nicht selten kommt es vor, dass Menschen sich erst nach dem Tod Ihrer Eltern wirklich entfalten und Authentizität leben. Erst wenn diejenigen verschwunden sind, die für das bisherige Weltbild gesorgt haben, werden Überzeugungen hinterfragt. Soweit muss es nicht kommen. Hinterfragen Sie die Ideen, Vorstellungen und Glaubenssätze Ihrer Eltern so früh wie möglich. Seien Sie dabei feinfühlig, wenn Sie mit Ihren Eltern darüber sprechen, aber radikal, wenn Sie es in der Stille machen. Passen Sie außerdem auf, wenn Sie kein gutes Verhältnis zu Ihren Eltern haben sollten. Eine rebellische Haltung und ein bewusst gegensätzlicher Lebensstil aus dem Prinzip der Verachtung heraus kann ebenso schädlich sein. Etwa, wenn Ihre Eltern in gewissen Bereichen doch das erreicht haben, was Sie sich wahrlich wünschen (vielleicht Wohlstand oder eine intakte Liebesbeziehung). Achten Sie darauf, dass Sie in so einem Fall nicht rebellisch durch die Welt laufen, während Sie Wohlstand und Liebesbeziehungen verabscheuen. Das mag sich vielleicht richtig anfühlen, lenkt Sie aber total von Ihren wahrlichen Sehnsüchten ab, die, unabhängig von Ihren Eltern, in Ihnen freudig darauf warten, entfesselt zu werden. Ganz zu schweigen von der Abneigung oder gar dem Hass, den Sie im Allgemeinen mit sich tragen. Keine guten Zutaten für ein glückliches, erfülltes Leben. Wenn es nötig ist, sollten Sie es sich zur Aufgabe machen, sich geistig so weit wie möglich von den Eltern zu lösen, um Ihre eigenen Glaubenssätze, begründet auf die Sehnsüchte, die Ihre Seele zum Strahlen bringt, zu programmieren – egal, ob diese mit denen Ihrer Eltern übereinstimmen oder nicht. Ja, Sie dürfen das! Erlauben Sie sich das! Hinterfragen Sie also im dritten Schritt ganz genau, wie Ihre Eltern Sie erzogen haben. Sie werden merken, dass Ihre Eltern zeitweise auch heute noch den größten Einfluss auf Ihr Innenleben haben. Seien Sie mutig! Gehen Sie den alles entscheidenden Schritt zum unabhängigen Menschen! Ziehen Sie es durch. Zerschmettern Sie Gedankenkäfige, die Ihnen Ihre Energie rauben! Ihre Seele hat das Recht dazu.

Hemmende Denkweisen erkennen & knallhart umprogrammieren

Wenn Sie wissen, welche Glaubenssätze und welche Gefühlsstrukturen Sie unterbewusst steuern, können Sie diese nun auflösen und durch jene ersetzen, die Ihnen bei Ihren großen Zielen behilflich sind. Dafür gibt es wiederum Schritte, die Sie bestenfalls chronologisch umsetzen. Sie kennen den Vergleich mit dem Autofahren und den anfänglichen Schwierigkeiten der Gangschaltung, während Sie im selben Moment die Kupplung betätigen und den Straßenverkehr mit all seinen Schildern im Blick haben müssen. Als routinierter Autofahrer lachen Sie über die ursprünglichen Hürden. Wenn Sie irgendwann Routine entwickelt haben, werden alle Schritte extrem stark komprimiert und es wird Ihnen vorkommen, als wenden Sie diese zeitgleich an, ohne darüber bewusst nachzudenken. Doch bevor es dazu kommt, müssen Sie die einzelnen Faktoren der Umprogrammierung verstehen.

Machen Sie sich bewusst, dass all Ihre, in der Vergangenheit geprägten Glaubenssätze nichts mit dem Jetzt zu tun haben müssen!

Energievampire neigen dazu, von Ihren alten Erfahrungen immer wieder auf die jetzigen Situationen zu schließen. So kommt es beispielsweise zustande, dass ein Mensch die schmerzhaften Erfahrungen aus alten Liebesbeziehungen automatisch auf die neue Liebesbeziehung überträgt. Er trägt praktisch eine Seuche mit sich herum. Er verhält sich dementsprechend anders (nämlich genauso, wie er es in der vorherigen Beziehung gelernt hat). Dafür gibt es aber keinen gesunden Grund, denn die neue Beziehung ist NICHT die alte Beziehung. Sie ist anders. Sie ist einzigartig! Trotzdem denkt ein unbewusster Mensch sowas wie "Immer habe ich das Pech, dass mir immer wieder dasselbe passiert". Auf die Idee, dass immer wieder dasselbe "passiert", weil das eigene Verhalten (Anforderungen, Bedingungen usw.) und die destruktive Denkweise dafür sorgen, kommen die Wenigsten. Jeder Moment ist einzigartig! Sie können nur das Beste aus dem Moment herausholen, wenn Sie sich von der Vergangenheit, wie auch von der Zukunft lösen und ausschließlich das erleben, was jetzt passiert. Auf diese Weise werden Sie sich den magischen Blick eines Kindes auf die Wunder des Lebens zurückholen. Wer in der Vergangenheit lebt, ist depressiv, wer in der Zukunft lebt, hat Angst und wer in der Gegenwart lebt, verspürt Frieden. Wenn Sie das begriffen haben, schwindet die Wirkung der alten Glaubenssätze im Nu.

Seien Sie dankbar für das Jetzt!

Legen Sie da, wo Sie jetzt gerade sind, einen kurzen Stopp ein. Werfen Sie einen Adlerblick auf alles was Sie gerade umgibt. Die Straßen, die Natur, die Gebäude, das Wetter, der Himmel, die Mitmenschen, die Tiere, der Boden, Ihre Kleidung, Ihre Handflächen. Schließen Sie die Augen, atmen Sie tief ein und riechen Sie all das, was Sie zuvor visuell wahrgenommen haben. Versuchen Sie, all das mit Ihrer Nase wahrzunehmen. Öffnen Sie die Augen, atmen Sie langsam aus und greifen Sie bewusst etwas in Ihrer Nähe an. Das kann der Boden sein, ein Gebäude, ein Baum. Was auch immer! Verspüren Sie Dankbarkeit für die Gegebenheit, all das gerade erfassen zu können. In diesem Moment konzentrieren Sie sich ausschließlich auf das, was Sie genau jetzt umgibt. Dinge aus der Vergangenheit und anstehende Dinge aus der Zukunft haben keinen Platz, wenn Sie es schaffen, hier und jetzt zu sein! Damit brechen Sie unwillkürlich einen ganz fatalen Glaubenssatz auf. Nämlich den Glauben, dass ein Mangel besteht. Im Hier und jetzt besteht kein Mangel! Im Hier und Jetzt ist es, wie es ist, weil es anders gerade nicht sein kann. Wenn Sie Dankbarkeit für jeden Moment fühlen, denken Sie nicht mehr daran, was Ihnen fehlt, sondern daran, was Sie haben. Wer ununterbrochen damit beschäftigt ist, daran zu denken, was ihm fehlt, hat keine Zeit zu genießen, was er bereits hat. Sie fühlen Überfluss und dieses Signal senden Sie in das Universum aus. Denken Sie daran: Sie ziehen das an, was Sie denken, fühlen und tun. Wenn Sie im Überfluss denken, ziehen Sie Überfluss an. Suchen Sie sich immer Gründe, warum Sie dankbar sein können. Nach dem Motto: Ihr Kontostand ist zwar knapp, aber seien Sie dankbar dafür, dass Sie die Mahlzeit kaufen konnten. Nicht zu verwechseln mit energieraubender, ungesunder Bescheidenheit. Seien Sie schlicht dankbar für das, was Sie momentan haben, im Wissen auch das Zehnfache haben zu können, wenn Sie es wollen! Sie entscheiden.

In diesem Zustand neue Glaubenssätze implementieren

Im tiefsinnigen Zustand der Dankbarkeit nehmen Sie mit jeder Faser Ihres Körpers wahr, dass Sie sind. Ihre Schwingungsfrequenz ist demnach hoch, was es Ihnen erleichtert, neue Glaubenssätze zu integrieren. Auf dieser Schwingungsebene ist kein Energievampir anzutreffen. Nicht weil es ihn nicht gibt, sondern weil Sie keinem mehr begegnen. Je größer die Differenz zwischen dem Grad Ihrer Bewusstseinsstufe und dem eines Energievampirs, desto unwahrscheinlicher ist eine Begegnung. Der Moment, in dem ein Energievampir die Kraft der Gegenwart erkannt hat und diese bewusst genießt, ist der Moment, in dem der Energievampir keiner mehr ist. Umgekehrt sind Sie in dem Moment, in dem Sie sich, aufgrund von pessimistischen Gedanken, komplett aus dem Jetzt katapultieren, wieder anfälliger und attraktiv für Energievampire. Abschließend 14 Glaubenssätze, welche Sie sich selbst laut oder nur gedanklich sagen können, wenn Sie möchten. Gerne können Sie sich diese auch aufschreiben und immer wieder lesen. Wichtig ist es, in der Gegenwart zu bleiben. Falsch wäre "Ich werde Energievampire erfolgreich abwehren". Richtig und effektiver ist "Ich wehre Energievampire erfolgreich ab". Implementieren Sie jeden Glaubenssatz, der Ihnen hilft!

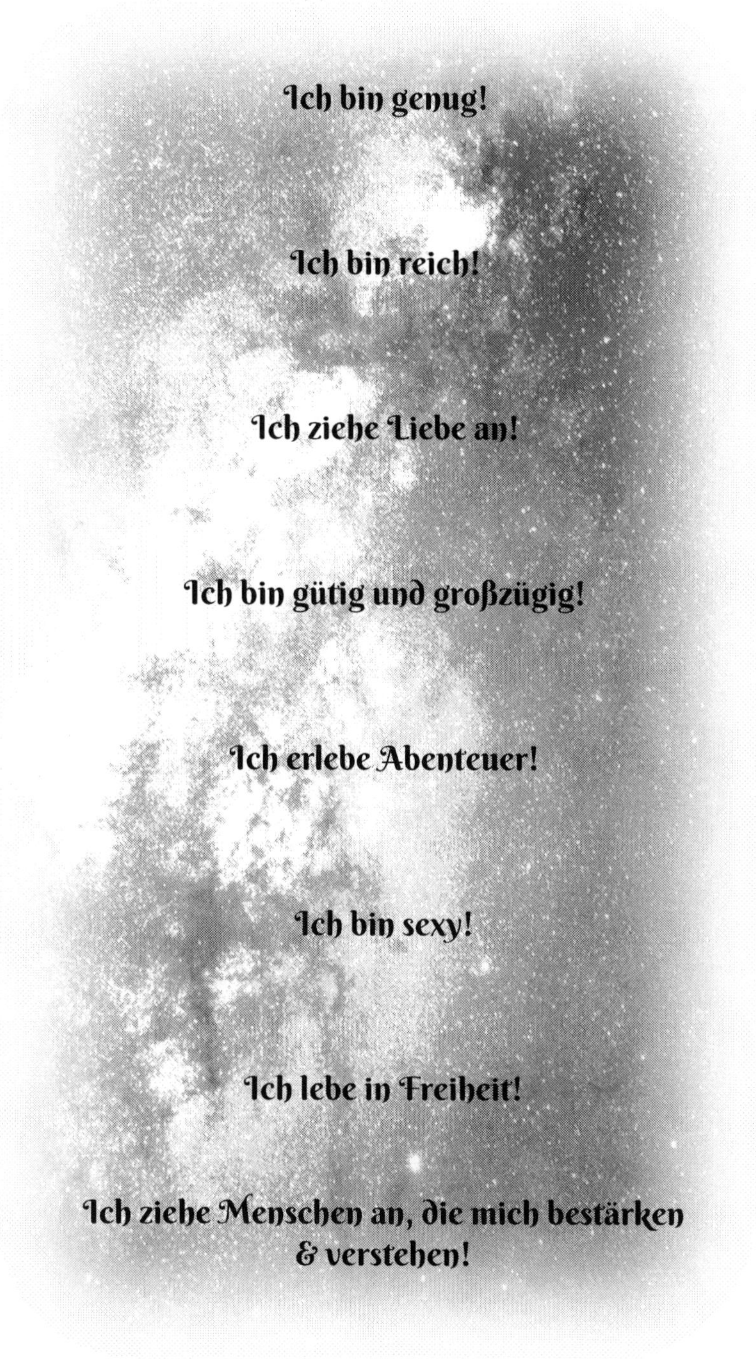

Ich bin genug!

Ich bin reich!

Ich ziehe Liebe an!

Ich bin gütig und großzügig!

Ich erlebe Abenteuer!

Ich bin sexy!

Ich lebe in Freiheit!

Ich ziehe Menschen an, die mich bestärken & verstehen!

Ich helfe Menschen dabei, ihre Träume
zu verwirklichen!

Ich bekomme unerwartet Hilfe aus
verschiedensten Quellen!

Ich bin ausdauernd & sehe in jeder Herausforderung
eine Chance!

Ich werde mit jedem Tag zu einem kraftvolleren
Menschen!

Ich bin es wert, in Freiheit & Überfluss zu leben!

Ich bin dankbar für alles, was ich in diesem Moment
bin, habe & erlebe!

Unempfänglich für das, was andere über Sie denken

Laut aktuellem Stand der Wissenschaft, denkt ein Mensch im Durchschnitt zwischen zirka 50.000 und 70.000 Gedanken pro Tag. Klar ist das mit der Wissenschaft immer so eine Sache, aber wahrscheinlich stimmen Sie mir zu, wenn ich behaupte, dass ein zu großer Anteil der von den meisten Menschen gedachten Gedanken eher schwarzseherisch ist, allen voran in Bezug auf das Selbstbild. Wir erblicken das Licht der Welt, lernen durch stetiges Beobachten, worum es hier augenscheinlich geht und verhalten uns, mehr oder weniger, dementsprechend. Wir passen uns an, sind ständig auf der Suche nach Bestätigung für unser richtiges Verhalten und hinken, auf dem holprigen Weg der künstlichen Vorgaben, mit jedem Schritt ein Stück mehr in das Unschöne. Die meisten fühlen sich grundsätzlich so, als ob bestimmte Verhaltensweisen permanent verlangt werden. Die Gesellschaft hat sich spürbar auf ein unnatürliches Auftreten geeinigt und es ist für viele sehr schwer, das überhaupt zu verstehen. Ein allgemeiner Dresscode, sexuelle Vorlieben, ideale Körpermaße, persönliche Lebensziele, politische Zugehörigkeit und so weiter. Sie könnten die Liste sicherlich selbst lange fortführen. Worauf ich hinaus möchte ist, dass uns die Forderung nach Einhaltung dieser Formen und Normen wie ein ständig begleitender, leichter Nebel umgibt. Ein hauchdünner, perfider Nebelfilm, der es uns trotzdem sehr schwer macht, uns selbst zu erkennen. Wir haben uns zum großen Teil von äußerlichen, künstlichen Bewertungen abhängig gemacht, sodass wir kaum anders können, als uns immer wieder in irgendeiner Weise bestätigen zu lassen. Sehr viele Menschen spüren sich selbst erst dann, wenn sie sich von anderen einordnen lassen. Viele haben den Drang, in bestimmte Schubladen zu passen und geben sich viel Mühe, damit das für Außenstehende schnell erkennbar ist. Dem ist ein völlig aus dem Ruder gelaufenes Wertekonzept geschuldet. Klar, bei einigen gehen bei dem Wort "Werte", sofort die Alarmglocken an und für viele klingt das jetzt nach einem Langweiler, der niemals ausgeht, um Spaß und Freude zu haben. Jemand der zum Lachen in den Keller geht, Cannabis verteufelt und Sex mit aufgedrehtem Licht verachtet. Hektik macht sich breit! Darum geht es jedoch nicht. In keinster Weise! Es geht lediglich darum, zu verstehen, dass die Verhaltensweise, welche uns vorgegeben wird, im Stande ist, uns mehr Energie zu rauben als vieles andere auf der Welt! Eines ist klar. Die meisten Menschen haben Angst und die ist bekanntlich ein schlechter, wenn nicht der schlechteste, Berater überhaupt! Unmengen an Energie sparen Sie sich also, wenn Sie nicht zwanghaft versuchen, etwas darzustellen, was Sie nicht sind. Tragen Sie die besten Schuhe, fahren Sie das beste Auto, verzieren Sie Ihren Körper mit dem glanzvollsten Schmuck. Solange Sie das nicht ausschließlich aus einer ungesunden Abhängigkeit heraustun, um innere Leere künstlich zu füllen, ist das wunderbar. Es soll Ihnen Spaß bereiten, Freude auszudrücken. Ihre Energie wird eher wachsen statt schwinden und es wird Ihnen tatsächlich nicht wichtig sein, wie Außenstehende Sie und Ihren Lebensstil bewerten.

Sie sind genug!

Allein das Verinnerlichen dieses Satzes umfasst ein selten vergleichbares Potenzial. Theoretisch könnte es Ihnen den Energietank ausreichend auffüllen. Es bräuchte danach kein Buch mehr. Ja, Sie sind genug. Zu jeder Zeit, in jeder Sekunde. Seit Ihrer Geburt in dieser Welt gab es keinen einzigen Augenblick, indem Sie nicht genug waren. Jeder, der Ihnen etwas anderes erzählen möchte, lügt. Ob wissentlich oder nicht. Sie sind einzigartig. Sie gibt es nur ein einziges Mal. Niemand sieht ganz genauso aus wie Sie, denkt genau denselben Gedanken zur selben Zeit und empfindet exakt dieselben Gefühle wie Sie. Angeblich geht die Erdbevölkerung auf acht Milliarden zu. Nur der Gedanke daran, dass unter all diesen Menschen kein einziger dabei sein kann, der Ihnen bis in die letzte Zelle Ihres Körpers gleicht, macht Sie für mich grundsätzlich liebenswert. Sie sind hier auf einer Reise und spätestens seit dem ersten Atemzug mit allem ausgestattet, was Sie benötigen, um Ihren eigenen Weg zu wandern. Da Sie es geschafft haben, sich gegen alle anderen Spermien durchzusetzen, sind Sie praktisch schon als Gewinner auf diese Welt gekommen. Sie sind ein Gewinner und das kann Ihnen niemand nehmen. Seien Sie sich dessen bewusst, damit Sie gerne Sie sind! Sie sind genug! Versuchen Sie nicht, irgendwelche Vorbilder komplett zu imitieren. Damit weichen Sie nur von Ihrem ursprünglichen, wertvollen Sein ab. Dass wir uns aneinander orientieren, ist völlig ok. Immerhin sind wir soziale Wesen und auf einer gewissen Ebene wahrscheinlich nicht mal getrennt. Aber verfallen Sie nicht in eine Art Kopiermodus, der Sie immer weiter aus Ihrer Mitte bringt. Das führt früher oder später zu innerer

Leere, die häufig falsch, meist zum Leid der engsten Mitmenschen, gedeutet wird. Sie sind grundsätzlich nicht besser, aber auch nicht schlechter als die anderen. Durch meine eigene Beobachtung nahm ich eines wahr. Zu viele Menschen versuchen anders zu sein, indem sie wie andere sein wollen. Dabei sind sie erst dann wirklich anders, wenn sie einfach nur sie selbst sind. Ich war selbst lange genug einer davon und berichte Ihnen das somit mit größtmöglicher Überzeugung. Sie sind genug. Menschsein heißt, zu sein, was man ist, im Wissen nicht zwanghaft perfekt sein zu wollen. Seien Sie sich Ihrer eigenen, ewigen Perfektion bewusst. Sie sind sowieso perfekt. Sie sind zu jedem Zeitpunkt in Ihrem Leben genauso, wie Sie sich selbst, gerade in diesem Moment, brauchen. Anders könnten Sie nicht mal sein, wenn Sie es versuchen, denn selbst das wäre genau das, was Sie gerade machen sollen, um Ihre Erfahrungen hier zu sammeln und weiter zu wachsen. Den wahren Grund für unser Tun erfahren und erkennen wir oftmals spät. Genießen Sie die Tatsache, perfekt zu sein und vergessen Sie die Idee, dass Ihr ursprünglicher, unfehlbarer Seelenwert auch nur im Ansatz von irgendeinem stumpfen Kommentar, einer schlechten Nachrede oder sonst irgendeiner kleinherzigen Aktion eines Energievampirs angreifbar wäre. Wenn Sie das verinnerlichen, werden Sie automatisch aufhören, Dinge zu tun, die das winzige Weltbild der Energievampire bestärkt, bestätigt und aufrechterhält. Niemals werden Sie für andere perfekt sein, ergo können Sie, aus Sicht der restlichen paar Milliarden Menschen auf der Erde, auch niemals für alle perfekt handeln. Das ist weder möglich, noch auf irgendeiner Ebene von substanzieller Bedeutung. Es ist vollkommen kontraproduktiv, sich Sorgen zu machen, ob das, was man macht und nicht macht für alle anderen ganz genau so passt. Egal was Sie machen, es wird immer einen unbefriedigten Prozentsatz an Leuten geben, denen Ihr Handeln nicht gefällt. Der weltbeste Koch erreicht mit seinen Speisen keine hundertprozentige Zufriedenheitsquote, weil es nicht möglich ist. Das heißt aber nicht, dass er nicht ausgezeichnet gut kochen kann. Ihren einzigartigen Veränderungsprozess zu Liebe, sollten Sie sich hemmungslos ausleben und genau das tun, was Sie möchten. Was irgendwer darüber denkt, ist irrelevant. Wir wissen nicht, was andere Menschen wirklich denken. Wenn wir ihr Verhalten mit unserem Filter interpretieren, laufen wir Gefahr, eigentlich von unseren eigenen Gedanken beleidigt zu sein. Ganz egal, was Sie wann und wo tun, bedenken Sie dauernd, dass Sie alles, wirklich alles, tun können und sollten, solange keiner unter Ihren Handlungen leiden muss. Erlauben Sie sich, Ihre eigenen Ideen zu leben, Ihre eigenen Fantasien in die Realität umzusetzen, solange Sie damit niemandem bewusst weh tun. Perfekt handeln können Sie zwar nicht, aber Eigenverantwortung sollten Sie gewissenhaft annehmen. Es ist ein befreiendes Gefühl, zu tun was seine Seele wirklich zum Strahlen bringt. Vor allem, wenn man sich darüber im Klaren ist, stets genug zu sein. Das Wissen darum, nichts leisten zu müssen, kann der stärkste Motor sein, um etwas zu leisten. Einst traf ich eine Freundin, mit der ich eine innige, wunderschöne, Jahre lange Liebesbeziehung führte. Zwischen unserer Trennung und unserem ersten Wiedersehen vergingen ein paar Jahre. Wir trafen uns zum Essen in einem kleinen Restaurant und ich fragte sie: “Warum fiel es uns damals so leicht, voller Freude so viele Jahre zusammen zu bleiben, ohne zu scheitern?“ Sie antwortete schlicht: “Keine Ahnung, du warst mir einfach immer genug.“ Dieser Satz veränderte meine innere Haltung schlagartig. Mein Selbstwertgefühl riss förmlich das Ruder um und ich verließ mit einem Ruck die buckelige Straße der Selbstzweifel. Nie zuvor habe ich mich so angenommen gefühlt wie in diesem Moment. Sie, als Herzmensch, antwortete wie immer ohne viel nachzudenken, aus ihrer reinen Intuition heraus. Für mich hingegen war das ein Geistesblitz. Ein Geistesblitz, der mir innerhalb von Nanosekunden endlose Energie verabreichte.

Die Straße der Selbstzweifel

Die Straße der Selbstzweifel ist buckelig, holprig und klebrig. Die Sicht auf dieser Straße ist unklar, stets trüb. Außerdem ist die Straße der Selbstzweifel langweilig und monoton. Wäre Ihnen klar, was Sie alles verpassen, nur weil Sie auf dieser kräfteraubenden Straße verweilen, würden Sie in den nächsten Gang schalten und diese Straße bei der nächsten Gelegenheit verlassen. Vermutlich treiben Sie sich schon lange Zeit unwissentlich auf dieser Straße rum. Es wird also Zeit, sie zu verlassen. Wechseln Sie auf die vielfältige Straße des Lebens. Selbstzweifel sind Energiesauger, die Sie mitleidlos aus dem Jetzt reißen. Selbstzweifel manövrieren Sie geschickt in eine leidenschaftslose Welt. Sie präsentiert Ihnen eine Welt voller Grautöne. Darauf basierend fehlt Ihnen die Sicht für die schönen Aspekte im Leben. Vieles missinterpretieren Sie als böse, in jeder Aussage vermuten Sie einen Angriff, Sie fühlen sich von Intrigen umgeben, und am Ende schmücken Sie sich mit dem negativen Glaubenssatz “Ich hasse Menschen“, ohne zu wissen, dass er Ihnen selbst mehr schadet, als hilft. Kennen Sie das Gefühl, das Sie im Beisein

Ihres Lieblingsmenschen haben? Ungefähr so fühlt sich ein Leben abseits von der Straße der Selbstzweifel an! Hier können Sie genau das sein, was Sie sind, ohne sich darüber Gedanken machen zu müssen, ob das jemandem passt. Es ähnelt einer gesunden Liebesbeziehung. Wenn Sie den Partner auf seinem Weg der Selbstverwirklichung unterstützen, ohne dabei den Anspruch zu hegen, sich damit selbst identifizieren zu können, schaffen Sie den Nährboden für ein schönes Leben. Seien Sie somit Ihr eigener Partner! Selbstzweifel haben keinen Platz verdient. Sie haben das Recht auf bedingungslose Liebe. Sie haben das Recht, Selbstzweifel abzuschütteln, um herauszufinden, wer Sie wirklich sind und was Ihnen echte Freude verschafft. Machen Sie es in erster Linie sich selbst recht. Damit wirken Sie unweigerlich auf die Außenwelt. Der Glaube, es allen recht machen zu müssen, ist wiederum der ideale Nährboden für Selbstzweifel. Ein absoluter Irrglaube, der Sie gegen eine Wand fahren lässt.

Stellen Sie sich den besten Koch der Welt vor. Eine Gruppe zufällig ausgewählter Menschen aus allen Teilen der Welt kommen zusammen, um von diesem Koch ein Überraschungsmenü zu testen. Nehmen wir an, es kommen 1000 Menschen zusammen und jeder bekommt die Gleiche Speise serviert. Um konkret zu werden, handelt es sich um Linsencurry. Was denken Sie? Wie viele Menschen werden das Gericht makellos finden? Wird jeder Einzelne der 1000 Menschen sagen, es handelt sich bei diesem Linsencurry um eine perfekte Speise? Werden alle 1000 Menschen satt und befriedigt vom Hocker fallen, weil der Geschmack so grandios ist? Oder denken Sie eher, dass es unter diesen 1000 Menschen auch einige geben wird, denen das Curry zu scharf gewürzt ist? Gibt es darunter Menschen, denen Curry an sich gar nicht mundet? Um es an die Spitze zu treiben - gibt es vielleicht jemanden, der sich nach dieser Speise übergeben wird? Ist es möglich, dass unter 1000 Menschen jemand dabei ist, der seinen Genuss hartnäckig verschweigt und behauptet, dass die Speise total grauslich geschmeckt hat? Dieses Beispiel bringe ich immer wieder in Gesprächen mit Menschen, die mit lästigem Selbstzweifel an mich herantreten. Hier wird klar, dass der Koch alle Gewürze der Welt besitzen kann, die besten Pfannen und Töpfe, die coolste Kochkleidung usw. Er wird niemals etwas kochen können, das jeder einzelne Mensch gerne isst. Das ist unmöglich. Noch viel besser, es ist nicht wichtig. Die Menschen, dessen Geschmäcker er mit seiner individuellen Zubereitungsart trifft, sind diejenigen, die ihn aufgrund seiner, ganz eigenen Art, mögen. Würde er sich zwanghaft verstellen, wäre das nicht mehr authentisch und in Folge dessen nicht mehr anziehend. In dem Moment, indem der Koch sich darauf konzentriert, andere Köche 1:1 zu imitieren und dadurch aufhört, er selbst zu sein, verliert er seine Fans. Hier hört er auf, seine Einzigartigkeit zu präsentieren. Wann auch immer Sie eine Situation erleben, in der sich Selbstzweifel melden, versetzen Sie sich in die Lage eines Koches, der nun für 1000 Leute ein und dasselbe Gericht kocht. Ihnen müsste klar sein, dass es keinerlei Sinn macht, darüber nachzudenken, ob Sie in igendeiner naturgegebenen Sache Defizite aufweisen. Sie sind, waren und werden immer genug sein.

- Höher, weiter, schneller.

Zu verstehen, dass Sie grundsätzlich genug sind, bedeutet nicht, dass Sie sich nicht verändern dürfen. Natürlich dürfen Sie ein paar Kilos verlieren, wenn Ihre Gesundheit schon gefährdet ist. So zu tun, als ob Sie sich vollkommen wohl fühlen, obwohl es Ihnen gesundheitlich wirklich schon ans Eingemachte geht, raubt Ihnen genauso Energie! Sie sollten Sprüche wie "Ich akzeptiere mich eben so wie ich bin" nicht als Verdrängungsmethode verwenden. Ja, Sie dürfen abnehmen. Ja, Sie dürfen Sport betreiben und Ihren Körper aktiv formen. Sie dürfen im Job alles geben und Geld scheffeln. Ja, Sie dürfen es anstreben, einen teuren Sportwagen zu fahren. Ja, Sie dürfen in noblen Boutiquen einkaufen. Sie dürfen natürlich alles. Beachten Sie dabei stets den Grund für Ihr Handeln. Es ist nicht verwerflich, hohe Ziele zu haben. Es ist nur ungesund, wenn Sie zwanghaft versuchen, Ihre Schwächen mit Luxusgütern, Jobtitel, oder einem perfekt geformten Körper zu kompensieren. Das wäre alles reine Ablenkung von den eigentlichen, wichtigen Baustellen. Es kann eine große Hürde darstellen, das Glück in sich selbst zu finden, doch es ist nicht möglich, es anderswo zu finden. Entschleunigen ist hier das Zauberwort. Statt höher, weiter und schneller, eher geerdeter, gelassener, ruhiger. In der Ruhe liegt bekanntlich die Kraft. Wenn Sie absolut verinnerlicht haben, dass Sie genug sind und es nicht nötig haben, sich mit Dingen zu schmücken, sind Sie in der Lage, nach all den Zielen schnell zu streben und dabei trotzdem geerdet zu bleiben.

Die Sterbebett-Frage

Je früher Sie verstehen, dass Sie genug sind, desto besser für Ihren Lebensweg. Leider haben wir relativ wenig Lebenszeit in diesem Leben. So früh wie möglich aufzuhören, blind zu funktionieren, sollte das Ziel sein. Das Leben mit jedem Atemzug ganz bewusst zu leben, anstatt verwirrt umher zu laufen, muss das Ziel sein. Wenn Sie verstehen, dass Sie eben zu jedem Zeitpunkt genug sind, können Sie kräftig an Ihrer Zielerreichung arbeiten. Sie haben dann keine Leere mehr in Ihnen, die Sie im Außen nach allen möglichen Füllmöglichkeiten suchen lässt. Wir denken oft, wir hätten Zeit, dabei sollten wir lieber mit unseren Vorhaben beginnen, bevor es zu spät ist. Unsere Träume wollen gelebt werden. Unser Leben will gelebt werden. Jeder möchte sich selbst verwirklichen. Was auch immer Sie für Lebensziele haben, beginnen Sie so früh wie möglich damit! Aus einem "Später" wird manchmal ein "Nie". Wenn Sie ständig nur versuchen, sich alle Türen offen zu halten, verbringen Sie Ihr Leben am leeren Flur. Das Leben ist voller Überraschungen. Wenn Sie sich vorstellen, wie Sie im Sterbebett liegen und wissen, Sie werden sich in den nächsten Tagen verabschieden, stellen Sie sich eine Frage. Fragen Sie sich, ob Sie im Sterbebett tatsächlich sagen würden „Oooh, bin ich froh, dass ich damals nicht versucht habe, meinen Lebenstraum zu verwirklichen" oder "Zum Glück habe ich meiner großen Liebe damals verschwiegen, dass ich sie noch immer liebe" oder "Ich bin stolz, meinen monotonen Job niemals gekündigt zu haben". Völlig absurd, wenn Ihnen der Wert Ihrer Lebenszeit bewusst wird. Ich stelle mir die Sterbebettfrage sogar bei Kleinigkeiten. Wenn ich zum Beispiel vor dem Regal im Supermarkt stehe und zögernd überlege, ob ich mir die etwas teureren Kekse diesen Monat gönne. Ich stelle mir dann vor, wie ich als alter Mann im Sterbebett liege und sage: “Ich bin so glücklich, dass ich mir damals im Supermarkt keine Kekse gegönnt habe“. Dieses Gedankenbild ist so lächerlich und zeigt eines ganz klar auf: Sie sind genug, sollten mit Ihrer Energie nur bewusster umgehen und Ihre Selbstverwirklichung verantwortungsvoll anstreben.

Die Natur als Energie-Tankstelle

Nach längerem Überlegen schreibe ich dieses Kapitel nun doch. Ursprünglich wollte ich es nicht erwähnen, da ich der festen Meinung war, es sei für jeden selbstverständlich, dass wir Menschen unweigerlich mit der Natur verbunden sind und kein Ratgeber der Welt so viel Energie geben kann wie sie. Ich bin aber in der Großstadt groß geworden und erlebe, dass eine Entfremdung zur Natur relativ stark verbreitet ist. In diesem Kapitel möchte ich mich kurz halten. Die meisten Menschen wissen es. Ein ausgelassener Spaziergang durch den Wald wirkt harmonisierend auf unser Gemüt. Oft ist unser Alltag lärmig, wir sind etlichen Geräuschen und Frequenzen ausgesetzt. Auch, wenn wir Schöneres zu tun haben und wir unsere Aufmerksamkeit selbst kaum auf Smartphones richten, wirkt sich eine Auszeit in einer natürlichen Umgebung positiv auf uns aus. Allein der fehlende Anblick von Menschen, die ständig in ihr Smartphone schauen, kann innere Ruhe bewirken. Kein anderer Ort ist besser für eine kurze Auszeit geeignet als die Natur. Gemeint sind unter anderem Parks mit großen Grünflächen, Waldgebiete oder ruhige Plätze in der Nähe von Gewässern. Ich habe die heilende Kraft der Natur erst spät für mich entdeckt, nutze sie aber seither regelmäßig.

Als dieses Buch zu geschätzten 90% geschrieben war, genoss ich einen stundenlangen Spaziergang durch den Wiener Dehnepark, ein beliebtes Waldgebiet. Dort fühlte ich die spirituelle Qualität der Natur wieder ganz stark. Aber bevor ich mich auf den Weg dahin begab, machten sich Zweifel in mir bemerkbar. Zweifel, die mein Buchprojekt gefährdeten. Mir kamen plötzlich Gedanken in den Sinn, welche den Erfolg dieses Buches in Frage stellten. Ich fragte mich plötzlich, ob ich es schaffen werde, das Buch, das Sie gerade lesen, jemals fertig zu schreiben. Ich grübelte darüber, ob es überhaupt irgendjemanden gibt, den dieses Themengebiet interessiert, und wenn ja, ob es überhaupt gut genug ist, um Menschen dabei zu helfen, sich ihre Energie zu behalten. Erinnern Sie sich an das Beispiel mit dem Koch, der niemals eine Speise zubereiten kann, die absolut jedem Einzelnen schmeckt? Der Koch der keine Zufriedenheitsquote von 100% erreichen kann? Genau dieses Beispiel, welches ich selbst geschrieben habe, kam mir innerhalb der ersten Minuten, nach meiner Ankunft im Dehnepark, in den Sinn. Ich betrat das Waldgebiet barfuß, spazierte ein paar Minuten lang und fühlte mich erleichtert, als hätte ich einen schweren Rucksack voller Steine einfach abgelegt. Die Zweifel waren mit einem Mal verpufft, einfach wirkungslos. Sie hatten keinen Einfluss mehr auf meine Stimmung. Im Gegenteil, meine Motivation, dieses Buch fertig zu schreiben und es zu veröffentlichen, war größer denn je. Mir wurde klar, dass ich den besten Ratgeber des Universums schreiben könnte und es trotzdem Leute geben wird, welche ihn nur lesen, um Fehler zu finden. Eine Zufriedenheitsquote von 100% schien mir, bei meinem Spaziergang durch die Natur, lächerlich und gar nicht erstrebenswert. Mir war es wieder uneingeschränkt möglich, mich auf diejenigen zu konzentrieren, die das Buch als Unterstützung annehmen können. Mein Energielevel schoss wieder nach oben und ich war bereit, alles zu tun, was nötig ist, um meine Ziele zu erreichen. Der Kontakt mit der Natur, die frische Luft, die angenehme Ruhe und der Anblick der Tiere machten mich wieder für eine lange Zeit unempfänglich für das, was andere über mich denken. Energievampire hatten wieder lange Zeit keine Wirkung auf mich und ich war wieder in der Lage, meine Selbstverwirklichung in vollem Gange anzugehen.

Danksagung

Für den ein oder anderen mag es vielleicht ulkig klingen, aber mit dem Schreiben dieses Buches habe ich eines meiner Lebensziele erreicht. Dementsprechend große Dankbarkeit verspüre ich, wenn ich daran denke, dass Sie dieses Buch gelesen haben und den Inhalt anschließend erfolgreich anwenden. Ich wünsche Ihnen ein von bedingungsloser Liebe und unendlicher Freude durchdrungenes, friedvolles Leben und bedanke mich aus der allertiefsten Ebene meines Herzens für Ihre Aufmerksamkeit. Ich habe begriffen, dass ich mich innerlich verändern muss, um einen positiven Einfluss auf die Welt ausüben zu können. Dieses Buch ist somit ein Beitrag, den ich leisten möchte, um die Welt mit meinen Möglichkeiten zu verändern, da es einen Teil meiner innerlichen Haltung wiedergibt. Wenn Ihnen auch nur ein winziger Teil davon, als Abkürzung aus dem mühsamen Labyrinth dienen kann, bin ich fröhlich. Es ist mir ein Anliegen aus tiefstem Herzen, das Bewusstsein des Lesers zu schärfen. Denken Sie bitte groß, quer und laut! Erlauben Sie sich, vom Durchschnitt abzuweichen. Es sind die Verrückten, die Innovatives erschaffen können. Nur wer verrückt, also abweicht, bzw. sich an einen anderen Platz als der Durchschnitt begibt, kann sich frei entfalten. Erlauben Sie sich bitte, Ihre innigsten Wünsche zu verwirklichen. Schöpfen Sie Ihr naturgegebenes Potential völlig aus. Denken Sie positiv und sprechen Sie gut über Ihre Mitmenschen. Gönnen Sie jeden seinen Erfolg. Teilen Sie Ihr Glück! Tun Sie Gutes und sprechen Sie darüber! Konzentrieren Sie sich stets auf jene Dinge, die Ihre Seele wirklich zum Strahlen bringen. Verschwenden Sie keine

Lebenszeit. Leben Sie jetzt im Jetzt! Erschaffen und erleben Sie im gegenwärtigen Moment ganz bewusst jene schönen Erinnerungen, die Ihnen auch noch in später Zukunft ein warmherziges Lachen bereiten werden. Sollten Sie mal einen kleinen Schubser brauchen, um wieder ins Jetzt zu kommen, berühren Sie mit geschlossenen Augen Ihren persönlichen Kraftpunkt und sagen:

„Ich bin jetzt, ich bin hier, meine Kraft behalte ich mir".

~ Danke & bis bald, Michael ~

Eine Überraschung als zusätzliches Dankeschön:

Um deine Achtsamkeit nachhaltig zu stärken, bekommst du jetzt eine **kostenlose Audiodatei** mit **positiven Affirmationen** zur Verfügung gestellt.

Über 12 Minuten positive Affirmationen auf einem Binaural Beat, eingesprochen von Michael Repkowsky, warten auf dich.

Diese Audiodatei eignet sich ideal für deine Morgenroutine. Höre sie dir gerne täglich direkt nach dem Aufstehen an, um gestärkt, mutig, entspannt & mit positiver Energie in den Tag zu starten.

"ICH LIEBE MICH SELBST"

Lade dir die kostenlose Audiodatei runter.
Hol dir dein Geschenk jetzt:

www.mein-gesunder-geist.com

~

Viel Spaß beim Entspannen.

Weitere Bücher von Michael Repkowsky:

Du musst **limitierende Gedanken loslassen**, um frei & glücklich zu sein. Dieses Buch ist eine spannende Reise in deine Innenwelt.

Erfahre effektive Denkanstöße zur Stärkung deines Selbstwertgefühls & steigere dein Selbstbewusstsein.

Nimm gerne Platz am Outen-Tisch!

Die **Vergangenheit loszulassen**, stellt sich oftmals als **schwierige Herausforderung** dar.

Dennoch ist es hier, heute & jetzt möglich - auch für dich!

Befreie dich von Schamgefühlen & lass bohrende Schuldgefühle endlich los. **Und zwar dir zuliebe!**

In dieser Lektüre schlägt der Autor die **Brücke zwischen der rationalen Welt & der Unendlichkeit des Allseins.**

Erfahre **bewährte Tipps und Methoden**, sodass dein achtsamer **Einstieg** in die friedvolle Gegenwärtigkeit **vonstattengehen kann**!

Das große Malbuch für Erwachsene!

+ 70 positive Affirmationen

Jedes Mandala mit einer Affirmation kombiniert.

Großdruck im A4-Format.

Für mehr Bewusstheit & Achtsamkeit
für dein Leben im Hier & Jetzt.

Impressum:

Autor: Michael Repkowsky
Postfach: Stumpergasse 54/9a Wien
E-Mail: gesundergeist@gmx.at

Printed in Germany
by Amazon Distribution
GmbH, Leipzig

21118938R00091